# Ser voluntário: um estilo de vida

Uma proposta para crescer
no caminho do voluntariado

Coleção Discípulos Missionários

- *Cristãos a serviço do Reino:* formação do agente de pastoral na paróquia – Núcleo de Catequese Paulinas (NUCAP)
- *Pastoral da Acolhida:* guia de implantação, formação e atuação dos agentes de pastoral – José Carlos Pereira
- *Ser voluntário:* um estilo de vida – Anne Falola

Anne Falola

# Ser voluntário: um estilo de vida

Uma proposta para crescer
no caminho do voluntariado

**Dados Internacionais de Catalogação na Publicação (CIP)**
**(Câmara Brasileira do Livro, SP, Brasil)**

Falola, Anne
   Ser voluntário – um estilo de vida : uma proposta para crescer no caminho do voluntariado / Anne Falola ; [tradução Cristina Paixão Lopes]. — 1. ed. — São Paulo : Paulinas, 2009. — (Coleção discípulo missionário)

   Título original: Ser voluntario – un estilo de vida
   ISBN 978-85-356-2450-2
   ISBN 950-861-825-6 (ed. original)

   1. Igreja – Ministério   2. Voluntariado – Aspectos religiosos – Cristianismo   I. Título.   II. Série.

09-03216                                                                CDD-253.7

**Índice para catálogo sistemático:**

1. Voluntariado : Ministério : Cristianismo        253.7

Título original da obra: *Ser voluntario... un estilo de vida*
© SAN PABLO, Buenos Aires (Argentina), 2006.

|                            |                                          |
|---------------------------:|:-----------------------------------------|
| Direção-geral:             | *Flávia Reginatto*                       |
| Editores responsáveis:     | *Vera Ivanise Bombonatto e Antonio Francisco Lelo* |
| Tradução:                  | *Cristina Paixão Lopes*                  |
| Copidesque:                | *Cirano Dias Pelin*                      |
| Coordenação de revisão:    | *Marina Mendonça*                        |
| Revisão:                   | *Ruth Mitzuie Kluska*                    |
| Direção de arte:           | *Irma Cipriani*                          |
| Gerente de produção:       | *Felício Calegaro Neto*                  |
| Projeto gráfico:           | *Manuel Rebelato Miramontes*             |
| Editoração eletrônica:     | *Wilson Teodoro Garcia*                  |

*Nenhuma parte desta obra poderá ser reproduzida ou transmitida por qualquer forma e/ou quaisquer meios (eletrônico ou mecânico, incluindo fotocópia e gravação) ou arquivada em qualquer sistema ou banco de dados sem permissão escrita da Editora. Direitos reservados.*

**Paulinas**
Rua Pedro de Toledo, 164
04039-000 – São Paulo – SP (Brasil)
Tel.: (11) 2125-3549 – Fax: (11) 2125-3548
http://www.paulinas.org.br – editora@paulinas.com.br
Telemarketing e SAC: 0800-7010081
© Pia Sociedade Filhas de São Paulo – São Paulo, 2009

A Deus, "Olorun Olodumare" (o Criador e Dono de tudo).

A Jesus, que me seduziu a segui-lo aonde for.

À minha família, que me deu raízes e asas.

À África, que me inculcou a dignidade e o valor.

À minha pátria e a meu povo, que me deram a identidade.

À minha Congregação, que me ensinou
e possibilita a entrega à missão.

À Argentina, que me ensinou a sonhar.

À minha querida Córdoba, que me conquistou o coração.

A meu querido bairro, Villa El Libertador, que me ensinou a luta.

Aos voluntários da "Mãos Abertas":
juntos aprendemos a amar e servir.

A meus companheiros de Hawkstone Hall, Inglaterra,
que me ensinaram a vencer os preconceitos.

A todos os amigos e amigas que me ensinaram a perseverar.

A Maria, Mãe de Jesus, que é meu modelo de mulher forte,
humilde, disponível e fiel.

# Agradecimentos

À minha família religiosa de Nossa Senhora dos Apóstolos, por todo o apoio que me deu para realizar este trabalho. A todos os meus amigos e amigas do bairro Villa El Libertador, que me estimulam e sustentam. A Padre Oscar Audicio, nosso pároco e verdadeiro amigo, por sua generosidade e entrega ao povo. À Comissão de Voluntariado da Mãos Abertas, com quem aprendi sobre este tema. Às diretoras da Casa da Bondade, Elvira e Carlota, que, junto com os voluntários da "primeira hora", pariram esta obra sem perder o humor, a alegria e o dom da amizade. A Susana Molina, por ser "mãe" com todas as letras. Quero agradecer, também, aos que me ajudaram para que este livro se tornasse uma realidade.

Agradeço também a Leonor Loustalot e Horacio Arranz, que leram o primeiro rascunho e o traduziram para um espanhol compreensível. A Roque e Rafa, que contribuíram com a digitação. A minhas amigas Verónica e Laura — com elas corrigi os detalhes entre um mate e outro. A Cristina e Mercedes, por suas contribuições. A Nati e Claudio de María, que se encarregaram da diagramação. A Padre Walter Gómez, com quem compartilhei muito, especialmente do carinho de sua família. A meus irmãos das Missões Africanas em Córdoba, que me apoiaram em tudo. A meus amigos de Las Varas, Córdoba, que me adotaram como filha.

Em especial, meu agradecimento a Padre Ángel Rossi, sj, companheiro de caminho e com quem aprendi muito. A Padre Javier Soteras, pelo prólogo e por conter-me nos momentos sombrios de minha vida. De coração, a Miguel Clariá, "o loiro", por presentear-me com sua amizade e por suas muito apreciadas contribuições e críticas. A Estela e todos os amigos da Livraria São Paulo, de Córdoba, que me estimularam a publicar este trabalho.

Agradeço à minha arquidiocese de Idaban, com nosso "Babá" Félix Alaba Job, que me instilou a alegria de viver a fé e sempre me animou em minha vocação missionária.

Finalmente, a Deus, que com seu Espírito inspirou, iluminou e definiu esta obra, que é sua pela graça de Jesus.

ANNE FALOLA

# Prólogo

Na Argentina, o retorno da democracia, em 1983, gerou um novo cenário social que permitiu o aparecimento de inúmeras ONGs capazes de captar a vontade de centenas de milhares de argentinos desejosos de comprometerem-se na construção de um país diferente. Tudo isso no marco da crise das ideologias e das instituições.

Este livro é gerado nessa saudável e desafiadora nova paisagem social, em que as liberdades individuais no país são respeitadas e os homens e mulheres desta nação animam-se a associar-se com a intenção de criar as novas condições para a construção dos tempos que virão.

O valor deste livro é determinado pela integração que Anne faz de sua ação social, serviço pastoral e reflexão sintética em um apaixonante panorama global de mudança de época.

*Ser voluntário: um estilo de vida* expressa sua autora, conhecedora da dor e das buscas a partir de onde Deus a elegeu para servir e ser portadora da esperança nigeriana, onde se costuma dizer popularmente: "Amanhã será melhor".

Em seu itinerário, este livro apresenta-nos uma imagem integral da pessoa chamada, a partir da experiência do voluntariado, a uma nova construção do social, capaz de superar a brecha de conflito entre ricos e pobres, animando-os a trabalhar por um novo paradigma inclusivo e superador: a promoção humana.

A proposta da irmã Anne Falola tem como pressuposto a experiência de Jesus em meio ao corpo voluntário. Tal experiência é a base da espiritualidade do voluntariado. Todas e cada uma das partes do processo e da coordenação das tarefas complexas do organismo voluntário têm, na perspectiva da autora, uma alma e um fundamento: a vivência de Cristo na tarefa do serviço. A presença de Jesus no serviço, como diz Anne, "são as brasas que, mesmo não aparecendo, dão calor e cozinham a carne".

JAVIER LUIS SOTERAS
Diretor da Rádio María Argentina

# Apresentação

A ideia de escrever este livro atende a diferentes motivações. Durante meus anos no colégio, sempre tive mestras e professoras que me estimularam na arte de escrever. Sinto muito prazer em escrever e este me parece um serviço à sociedade, uma maneira de documentar a realidade, de deixar um legado de experiências para as gerações futuras.

Quando me confiaram a missão de organizar e coordenar o voluntariado da nascente Fundação Mãos Abertas, em Córdoba, em 2000, dei-me conta de que sabia muito pouco sobre o tema e comecei a procurar, a visitar as organizações que trabalhavam com voluntários e a ler livros. Aprendi muito, mas reconheço que a bibliografia existente sobre o tema era bastante escassa. De modo que eu e os pioneiros da Mãos Abertas tivemos de começar a trabalhar quase do zero, confiando na boa vontade de todos e na iluminação do Espírito Santo.

Uma organização que nos ajudou neste projeto foi a "Fundação Lar de Cristo", criada pelo jesuíta, Santo Alberto Hurtado (1901-1952), no Chile. Essa fundação, como o nome sugere, tem um perfil cristão, e serviu-nos de modelo sobre como combater a pobreza a partir da força solidária de um povo.

Por que um livro sobre voluntariado escrito originalmente em espanhol e por uma estrangeira que apenas o compreende? Creio que esta é a graça, já que não consegui completar esta obra sem a colaboração de muitos argentinos e argentinas: amigos/amigas, voluntários/voluntárias, mestres/mestras.

Fundamentalmente, Jesus Cristo teve muito a ver com este projeto, já que desde o início pedi-lhe que me facilitasse os meios, as pessoas e a inspiração para realizá-lo. A concretização disso é fruto de sua graça e uma dádiva de seu imenso amor e fidelidade.

Este trabalho é uma forma de retribuir um pouco do muito que recebi de várias pessoas. Sinto-me com o compromisso de não partir levando egoisticamente comigo tantas riquezas que me fizeram bem e me ajudaram a crescer como pessoa, religiosa e missionária.

Quero deixar algo ao povo argentino desta fonte de sabedoria que ele mesmo me ensinou. Ao trabalhar com os voluntários cordobeses, tanto no bairro como na Fundação Mãos Abertas, com as equipes de animação missionária, na Rádio María Argentina e em todos os outros âmbitos nos quais me envolvi, aprendi que ser voluntário não é tão simples quanto parece. É um compromisso que sabemos quando começa, mas não sabemos aonde nos levará. Oxalá essa opção ajude-nos a amadurecer para que nos envolvamos, a partir da consciência solidária, e tornemos realidade uma sociedade mais justa, solidária e fraterna.

Algumas pessoas me pediram que escrevesse minhas experiências missionárias. Não me sinto nem apropriada, nem com suficiente autoridade para encarar tão elevada tarefa. Sinto que ainda sou uma aprendiz de missionária. Penso nas missionárias que foram à minha terra ao longo do século passado. Eram mulheres audazes, fortes e incrivelmente visionárias. Elas souberam empregar os exíguos meios que possuíamos para alcançar importantes realizações no âmbito da saúde, da educação e do social, e que produziram nigerianos e nigerianas capazes de tomar o futuro em suas mãos. Não nos ajudaram como se fôssemos os "pobrezinhos", mas deram-nos ferramentas para construir nossa sociedade verdadeiramente autóctone, que vale por si mesma. Este trabalho é, também, um agradecimento a essas "mulheres apóstolas" que evangelizaram e derramaram seu suor e sangue em minha terra sem nos tirar a identidade de ser povo.

O Cristianismo é bastante novo em minha terra. Meus avós pediram o Batismo em idade avançada. Essa decisão foi influenciada por meu pai (o primeiro batizado de meu clã), que se havia convertido ao Cristianismo no colégio da missão dos padres da Sociedade Africana de Missões e das irmãs Nossa Senhora dos Apóstolos (na ilha de Topo), onde ele estudava.

Minha mãe nasceu em uma família anglicana. Converteu-se ao Catolicismo ainda moça, no colégio das irmãs Nossa Senhora dos Apóstolos, congregação à qual pertenço. Papai e mamãe casaram-se pela Igreja, assegurando-se, assim, de formar uma família católica, pouco comum em minha comunidade, com minoria de famílias católicas e que ainda permite a poligamia. Nessas circunstâncias, posso dizer que sou da terceira geração cristã da Nigéria, que é quase a máxima que se pode encontrar em uma nigeriana da minha idade.

A Nigéria é um país secular. Isto significa que não temos uma religião oficial do Estado. Cada cidadão e cidadã pode professar a religião que lhe agrade; há liberdade religiosa: católicos, cristãos não católicos, muçulmanos e religiões tradicionais africanas. Essa pluralidade faz com que

Apresentação     15

a inclinação religiosa de cada pessoa forme o perfil de sua identidade. Nossa sociedade é extremamente devota à prática do credo que professa. É difícil encontrar um batizado não praticante em minha terra. Quer dizer: 14% — o que representa cerca de 15 milhões de pessoas — são batizados católicos que praticam a fé na Nigéria (a população do país é de, aproximadamente, 120 milhões de habitantes). Por esse motivo a Igreja é muito dinâmica, forte e exerce um grande impacto sociopolítico.

A Nigéria, como toda a África, está vivendo a era da juventude da fé cristã, que é nova, fresca e cheia de entusiasmo. O continente africano é chamado de "o jardim da Igreja do século XXI". O trabalho missionário está colhendo frutos abundantes, facilitando o nascimento de novas comunidades cristãs e vocações religiosas com uma alegria contagiante. Cresci neste ambiente eclesial, no qual, havendo diversas religiões, cada pessoa sente plena paixão por aquela que professa, e a defende como o tesouro mais precioso que possa ter. Desse modo, percebe-se um grande sentido de família eclesial, no qual todos se apóiam em sua identidade comum de ter conhecido a Cristo e ser batizado em seu nome.

No âmbito cultural e político, a Nigéria foi uma colônia inglesa desde 1914, ano em que o território se constituiu como país, até 1960, quando obteve sua independência, tornando-se a República Federal da Nigéria. O país é composto de diferentes grupos étnicos, que eram povos independentes antes da chegada dos europeus. Os três maiores são: ibo, haussá e iorubá. Porém há mais de 250 grupos étnicos, com seu próprio idioma e identidade. A diversidade étnica enriquece a cultura do povo nigeriano, embora a unidade nacional vá sendo adquirida aos poucos.

Esse panorama sociocultural, que permite a diversidade sem roubar de ninguém sua própria identidade, e a educação religiosa recebida influenciaram muito em minha visão de mundo. Cresci em um lar bilíngue; o iorubá e o inglês eram falados em minha casa com muita naturalidade. Cursei a escola primária em iorubá e os estudos secundários e universitários, em inglês. Entretanto a língua local é falada livremente em nossas cidades. Os periódicos, livros, novelas, filmes etc. e cada documento da Igreja são traduzidos para o idioma local. Estou acostumada a escutar idiomas que não são meus, e, ao mesmo tempo, falar minha língua materna com verdadeiro orgulho. Uma sociedade com tais características apresenta dificuldade de comunicação, por isso o inglês serve-nos como idioma comum. Entretanto mantemos nossas raízes.

Minha missão na Argentina, por mais de uma década, permitiu que eu me encontrasse com outra cultura, valorizasse outra realidade e me abrisse ao mundo dos outros, para ampliar ainda mais meu horizonte. A Argentina ensinou-me muitas coisas: desde tomar mate até a arte da solidariedade organizada.

Na Nigéria, a solidariedade é uma experiência cultural e comunitária. As ONGs são muito novas e é difícil atrair, formar e organizar um voluntariado, porque, ali, a solidariedade é "algo caseiro", acontece entre parentes e clãs. Isso é bonito, mas a realidade da nova urbanização faz com que os pobres, nas grandes cidades, fiquem desamparados, excluídos e necessitados de ajuda. O voluntariado organizado é uma dívida pendente da classe média nigeriana. É seu dever levantar-se para defender os setores indefesos e indigentes e devolver-lhes parte do que nossos "líderes" lhes tomaram tão impune e irresponsavelmente.

Na Argentina, descobri um país de maioria católica, que tenta responder aos desafios da nova evangelização com seus fiéis distanciados, que perderam o ardor da fé cristã. Pude notar, também, que é um povo apaixonado pela justiça social e pelo compromisso com os pobres, sobretudo nas crises dos últimos anos.

Meu querido bairro de Villa El Libertador, em Córdoba, colocou-me em contato direto com a marginalização urbana. Agradeço o espírito de luta de minha gente querida, que não se deixa excluir pelo sistema. Ali conheci e me identifiquei com pessoas que sabem defender sua identidade e dignidade com orgulho. Devo muito à minha querida Villa. Não podem imaginar o quanto sentirei sua falta.

Este livro tenta marcar a união entre *as duas culturas (nigeriana e argentina)* que moldaram minha pessoa. Agradeço a Deus, que me presenteou com essas duas pérolas. Amo-as muito e rogo para que ambas se conheçam, se complementem e se valorizem mutuamente, independentemente de quem ganhe no futebol! Viva a Argentina! Viva a Nigéria! Vivam todos os povos da Terra!

# Parte I

## Iniciar-se no voluntariado

*Escutai! O semeador saiu a semear.*
(Mc 4,3)

# 1
# Os outros nos salvam

*E se chegamos à idade que temos,*
*é porque outros nos foram salvando a vida,*
*incessantemente.*

Ernesto Sábato

## Que é ser voluntário?
## Que é voluntariado?

É muito difícil expressar com palavras as coisas lindas que vivemos quando uma pessoa dá o primeiro passo desde a passividade para viver o amor de forma ativa e concreta, realizando, pouco a pouco, seus ideais. Nesse caminho ela responde e se envolve na realidade que nos rodeia, para além das teorias. No entanto as definições servem-nos para compreender o que tal passo exige de nós, tanto no aspecto pessoal como no comunitário.

Aqui, é preciso compreender duas dimensões para evitar confundi-las.

*Voluntária* é a pessoa que, por escolha própria, dedica parte de seu tempo, de forma continuada, à ação solidária e altruísta, sem receber remuneração por isso.

*Voluntariado* é o modo e o processo de trabalho, mediante o qual pessoas de boa vontade, inteligentes e criteriosas se associam em virtude da solidariedade social ou de princípios sociais, religiosos ou filosóficos, com o objetivo de realizar uma tarefa de bem comum, em uma função determinada.

*O voluntário é a pessoa, enquanto o voluntariado é um processo e a organização que essas pessoas voluntárias formam.*

É importante distinguir entre a pessoa e o processo em si. No entanto a pessoa voluntária é fruto desse caminho que nos envolve na realidade do outro para transformar o meu em nosso. O processo necessita de outros, porque ninguém é autossuficiente em si mesmo. Nós precisamos que alguém nos convide a dar o primeiro passo ou que nos sirva de bengala para ajudar-nos a levantar e começar a caminhar, alguém que nos ajude a preparar-nos e que nos sustente.

Essa necessidade de uns e de outros constitui-nos em comunidade, em sociedade, e leva-nos, assim, a forjar uma nova cultura, que perdurará para além de nós. Como disse o grande escritor argentino Ernesto Sábato, em seu livro *La resistencia*: "Os outros nos salvam".

## Ninguém é tão rico, ninguém é tão pobre

Uma das ameaças à nossa sociedade moderna é a autossuficiência, um autobastar-se que nada mais é que uma máscara, já que dentro de cada ser humano há uma necessidade profunda do outro. Essa autossuficiência conduz homens e mulheres a uma fragmentação interior, a essa desarmonia e dispersão que os faz acreditar que não precisam dos outros nem de Deus.

O voluntário é essa pessoa que assume sua necessidade do outro sem ser o centro dessa resposta. Que reconhece sua dependência criativa sem negá-la.

O oposto a essa autossuficiência é a dependência ociosa na qual a pessoa sente que não é capaz de dar qualquer contribuição à sociedade, que não vale nada e não tem nada a entregar aos demais. É uma situação de desumanização, que rouba a dignidade e não permite a superação pessoal ou comunitária.

João Paulo II lembrava-nos, sempre, que "não há ninguém tão pobre que não tenha nada a oferecer".

Atualmente, no mundo neoliberal, há uma política consciente que estimula a autossuficiência, por um lado, e a dependência excessiva, por outro. É um campo propício para o assistencialismo e para um tipo de "voluntariado" vivido verticalmente.

O verdadeiro voluntariado deve promover valores humanos como a fraternidade, a autoestima saudável, a laboriosidade, a capacidade de dar e receber, a integração social. Deve ser um voluntariado vivido "horizontalmente", lado a lado.

Hoje em dia, percebe-se um crescimento, na consciência, da responsabilidade social empresarial, que é um respaldo importante para toda a sociedade. Também não se pode deixar de reconhecer o risco de mascarar-se a injustiça, no que se refere à distribuição dos recursos do planeta, que pertencem a todos.

O voluntariado é um convite a percorrer juntos esse processo, por isso se encarrega de reunir as contribuições de cada um para perfazer um caminho verdadeiro, no qual se produza uma mudança estrutural e se construa um mundo melhor.

O voluntariado não é uma organização abstrata, mas que responde a necessidades concretas, inseridas em cada realidade. Muitas vezes, seus membros recorrem a "cópias" para trabalharem. Entretanto o segredo do êxito não está em uma receita que deu certo em outro lugar ou circunstância. A chave está em discernir entre as circunstâncias próprias de cada organização para responder aos contextos emergentes de forma coletiva e eficaz.

Em geral, muitas instituições de voluntários nascem sob a inspiração do carisma de líderes que convocam e entusiasmam as pessoas a satisfazer necessidades e carências da sociedade. Enquanto o líder está presente, ele contagia e mantém vivo o fogo para essas obras. Quando desaparece, as obras perdem o brilho. De todo modo, deve-se represar essa força com um agrupamento que facilite a continuidade independentemente das pessoas.

É indispensável alcançar o equilíbrio entre o entusiasmo carismático do líder e uma estrutura rígida e asfixiante que não permita que o frescor e a espontaneidade aflorem.

A organização do voluntariado faz-se a partir dos voluntários e com eles. É o capital social que é fundamental saber captar e potencializar, porque só assim carregará o selo próprio, a marca original e genuína da sociedade à qual pertence. Tem identidade própria, que reflete a riqueza e a pobreza, as lutas e as superações da própria comunidade, porque cada uma conta com características próprias que as diferenciam das outras.

## Deus ouve o grito dos pobres

Uma característica original que me causou grande impacto em Córdoba foi a criatividade das pessoas com quem equipamos a "Casa da Bondade". Recebíamos uma variedade de artigos doados — novos, usados, antigos etc. —, e o talento das pessoas para transformar e reciclar as coisas era impressionante. Os lençóis velhos converteram-se em cortinas com rendas.

Quando não tínhamos o talento, a Providência vinha socorrer-nos.

Lembro-me de uma reunião com a equipe da cozinha: não havia bancada; eu e a coordenadora íamos tomar as providências na manhã seguinte para pensar em como conseguir um doador. De madrugada, um voluntário foi tomar as providências para fabricar e doar a bancada da cozinha. E com que delicadeza e prazer ele o fez!

Assim, a Casa da Bondade ia-se tornando digna de acolher nossos irmãos. Cada assunto era organizado de modo a colocar a obra em funcionamento e poder receber os doentes terminais carentes com a dignidade que mereciam. Então, pude comprovar que Deus jamais é superado em generosidade, sempre acode, de maneiras imprevisíveis, em auxílio daqueles que confiam na sua Providência.

A comunidade do bairro Villa El Libertador costuma cantar a canção de Nossa Virgenzinha do Trabalho, que diz:

> Virgenzinha do Trabalho, mãe dos sem-teto,
> A ti acudimos, teus filhos que nada têm para viver...

O começo de meu caminhar na "Villa" não significava muito para mim, mas à medida que me ia introduzindo na realidade fui descobrindo que viver sem "nada" é viver da Providência de Deus. Nos anos de crise, em que os "biscates" tornaram-se escassos, Deus nunca nos faltou, e pudemos viver sem "nada".

Foi esse o caso da família de uma menina com deficiência física e que vivia uma situação particularmente difícil. A mãe havia falecido e o pai estava doente, sem poder trabalhar. A irmã, a única que cuidava e mantinha a família, lutava para entrar em alguma lista de auxílio social. Comiam, a cada dia, graças ao que os vizinhos e a Providência lhes ofereciam.

Um dia esse senhor estava vendendo suas coisinhas no centro e contou seu sofrimento a uma senhora, que se comoveu. Além de dar-lhe algo de imediato, a senhora decidiu ajudar a família mensalmente, com mercadorias e uma contribuição efetiva. Eu me emocionava cada vez que a família recebia o donativo dessa senhora. Quando dizemos que Deus ouve o pranto dos pobres, é porque alguém foi instrumento para enxugar as lágrimas amarguradas da necessidade e da impotência de não saber de onde tirar o próximo alimento.

O ditado "Longo como a esperança do pobre" faz-me pensar que a esperança do pobre é cotidiana, é contínua, longa, porque não acaba. A esperança do pobre concretiza-se todos os dias, é real, e a alegria que se reflete nos bairros pobres é fruto da esperança.

Em um estudo realizado no ano passado, a Nigéria apareceu como país número um do mundo em alegria (e também no risco-país). Era o povo mais alegre do mundo!

Entretanto é uma nação profundamente religiosa (em sua diversidade), com uma grande confiança e esperança em Deus. O sentido de pertença à comunidade ou ao clã familiar também é uma das riquezas que sustentam esse povo. A necessidade do outro, que a sociedade ocidental nega, continua sendo a força que alenta os povos mais pobres e lhes possibilita enfrentar as adversidades da vida sem perder a ânsia de viver. Um dos ditados mais populares na Nigéria é "Amanhã será melhor", e com essa frase mantém-se na luta para seguir adiante até nas situações mais difíceis.

Finalmente, cada voluntário, como o bom samaritano, que aperta uma mão, que oferece um serviço, que alivia a dor do outro, aquele que colabora com um pouco de dinheiro ou comida para saciar o que tem fome, é sinal de que Deus ouve o clamor dos pobres.

## Para refletir e compartilhar

- Como a autossuficiência manifesta-se em sua sociedade?
- Que ameaças e necessidades você percebe na realidade que o cerca?
- Que mudança você deseja para a sociedade? Você se considera um agente dessa mudança? Como?
- De que maneira o voluntariado influi em sua realidade social?

# 2
# Entrega por inteiro

*Os que se entregam pela metade logo estão exauridos,*
*qualquer esforço os cansa.*
*Os que se entregam por inteiro*
*mantêm-se na linha sob o impulso*
*da profunda vitalidade.*

Santo Alberto Hurtado

## Quais as motivações dos voluntários?

As motivações das pessoas são muito complexas, estão sempre mescladas de diversos elementos difíceis de serem separados. A intenção desta reflexão é ajudar na tomada de consciência sobre as motivações, com o objetivo de crescimento e amadurecimento pessoais.

Existem dois tipos de razões que motivam as pessoas a participar do voluntariado:

1. *Razões ideológicas, éticas e morais, ou de caráter religioso:* são as que levam as pessoas a sentir os problemas e necessidades dos outros como se fossem seus, a querer fazer algo para melhorar a sociedade, mudar as coisas, transformar o mundo.

2. *Razões pessoais:* por necessidade de sentir-se socialmente útil, de conhecer e viver novas experiências, formar-se e desenvolver-se como pessoa, relacionar-se e trabalhar com os outros...

Esses dois tipos de motivações principais combinam-se, em cada voluntário, em distintas proporções. A ação voluntária significa *dar* (tempo, recursos, trabalho etc.) e também *receber* (satisfação, aprendizagem, experiência, relações humanas etc.).

Para algumas pessoas, as principais motivações para o voluntariado são a busca de prestígio social, as expectativas profissionais, o afã de poder e influência social, ou outras de caráter mais egoísta. A instituição deve ter um sistema/processo que permita ao voluntário que está entrando manifestar sua motivação. Esse sistema representa um guia para que a pessoa possa refletir e questionar suas motivações e para que a instituição saiba se ela partilha dos critérios da organização na qual quer ingressar.

## Que desejos impulsionam o coração ao compromisso?

As motivações são os princípios pessoais e/ou comunitários que nos impulsionam à ação e ao compromisso. Em muitas ocasiões elas operam no nível inconsciente da pessoa, mas são fatores importantes que determinam sua atitude no compromisso voluntário.

As motivações das pessoas, no voluntariado, apóiam-se em três elementos principais, os quais formam a base da motivação que determina a razão de ser do voluntário. Tais elementos expressam-se e manifestam-se diferentemente nas pessoas que se apresentam para oferecer serviços voluntários.

### *Espiritual*

Quase todas as religiões estimulam seus seguidores a serem solidários com os irmãos mais necessitados. Como cristãos, as bem-aventuranças chamam-nos a buscar a paz, a construir a justiça e a anunciar o Reino de Deus aqui na terra. Não é um apêndice de nossa fé cristã, mas um desafio, uma urgência para tornar o Reino do amor presente aqui e agora. Um seguidor de Cristo não pode ser indiferente à necessidade do outro. "Deem-lhes vocês de comer." Essa não é uma instrução dada aos apóstolos lá longe, no deserto da Judeia. É uma ordem de Jesus a todos os cristãos do mundo de hoje, no qual, a cada minuto, uma criança morre de fome e de enfermidades.

*Quando a motivação religiosa não está bem focada, podem-se apresentar algumas manifestações negativas, como as seguintes:*

- Realizar as obras solidárias por medo do inferno ou castigo. Assim, a atividade solidária não é uma resposta à experiência do amor de Deus que se manifesta ao próximo.

- Buscar, por meio dos serviços voluntários, atenuar alguns males ou pecados pessoais. O voluntariado não pode ser uma penitência. Ele é obra do amor e feito por amor.

- Uma aproximação do "pobrezinho" numa atitude farisaica. Os voluntários não são melhores, nem mais santos, nem mais queridos por Deus, por sua ação solidária. Somos um simples instrumento que serve a um irmão que hoje vive uma situação difícil.

- A atividade voluntária tampouco deve ser entendida como uma dívida para com Deus ou a sociedade. Não pode ser o preço da minha salvação nem uma retribuição à sociedade pelo que tenho. É uma resposta à fraternidade humana e ao amor infinito que nos une nessa fraternidade.

- Tampouco é uma mostra de santidade. O fato de dedicar mais horas a um serviço não me santifica mais. O valor não pode ser medido apenas pela quantidade ou pela dificuldade do ato em si, mas por sua singeleza, por ser um simples instrumento que evidencia a presença de Deus.

Da mesma maneira, as motivações espirituais saudáveis levam-nos a alcançar grandes mudanças interiores e a crescer em valores humanos e religiosos.

Durante os primeiros cinco anos que passei na Argentina, até o ano 2000, dediquei-me ao trabalho de animação missionária com grupos de diferentes cidades e povos, além de meu trabalho pastoral no bairro. Quando demos início ao projeto da "Casa da Bondade", chamou-me muito a atenção a dedicação das senhoras que ajudavam a pôr a obra em funcionamento.

Quando a construção da casinha chegou ao fim, lembro-me de que, por vários dias, elas iam até lá, em horários distintos, para limpá-la e deixá-la em condições de começar a funcionar.

No primeiro dia, assustei-me, achando que aquelas senhoras eram elegantes demais para "arregaçarem as mangas" e realizarem aqueles trabalhos. Para meu consolo, não foi assim. O trabalho era feito por amor. Ainda se percebe quanto carinho e amor elas dispensam para que a obra funcione o melhor possível. Fazem-me lembrar de Madre Teresa de Calcutá, que, quando alguém lhe disse que não abraçaria um leproso nem por um milhão de dólares, ela respondeu que tampouco o faria por um milhão, que essas obras só podiam ser feitas por amor. Creio que o voluntariado é o que é pelo amor colocado nele. Santo Hurtado afirmava:

> Tudo será feito, se for para fazer a obra; o que importa é fazê-lo com imenso amor; nossas ações valem em função do peso do amor que colocamos nelas.

## Social

O futuro e o progresso da sociedade dependem, grandemente, da consciência e responsabilidade que seus integrantes quiserem assumir, porque, na medida em que as pessoas contribuem positivamente para o bem comum, a sociedade, em seu conjunto, avançará e crescerá em todos os níveis. O problema surge quando responsabilizamos os outros por nossa falta de compromisso, ou seja: o governo, os políticos, as organizações mundiais ou religiosas etc. *Em minha opinião, a responsabilidade é um dever-direito de cada cidadão.*

Por isso cada um deve assumir seu compromisso, segundo seus dons, aptidões e interesses, para que esta sociedade seja como todos nós sonhamos.

O ser humano é um animal social. Precisa relacionar-se com os demais, e os outros afetam sua vida e suas opções. É impossível permanecer como uma ilha na sociedade. No entanto é factível não envolver-se na realidade do outro. Assim, ficamos do outro lado do caminho, olhando de longe e baseando-nos em juízos morais e ideológicos. Ser um voluntário social também envolve a decisão de comprometer-se, responsavelmente, com a sociedade e o mundo do outro, e não ser apenas um "antialguma-coisa".

Ser voluntário implica um movimento a partir do meu "mundinho" ao mundo dos outros, que podem ser meus companheiros solidários e os destinatários de meu serviço. Por isso *o passo para o compromisso é audaz*, porque implica que eu me deixe questionar pelos outros, que no encontro com eles meus valores e fundamentos sejam examinados.

No espaço social, corremos o risco de que nossas ações voluntárias tornem-se:

- Manipuladas pelas ideologias e a política partidária.
- Sinal de *status* social: quando o voluntariado é exercido com a intenção de destacar o nível social, a partir de uma posição de não carência, mas doando aquilo que lhe sobra.

- Associação entre amigos: quando o voluntariado é vivido em um ambiente fechado entre amigos ou um espaço de afinidade pessoal. Neste caso nossa amizade pesa mais que o trabalho voluntário, com o risco de perder-se o objetivo principal, que é o outro, e não eu.
- Instrumentos de "assistencialismo" e dádiva que não fomentam a promoção da dignidade da pessoa.
- O voluntariado, no âmbito social, pode ser um instrumento que fomente a brecha entre as distintas classes sociais. Neste caso pode não haver uma integração social entre os beneficiários e os que oferecem a ajuda, isto é: não existe comunhão e integração entre os dois setores.

A marginalização social não é patrimônio de uma classe social. Todos nós, pobres e ricos, somos passíveis de marginalizarmo-nos. O desafio de nosso ser voluntário cristão é romper todas as barreiras que nos dividem e abrirmo-nos ao que o outro nos oferece. Precisamos entregar-nos inteiramente e abrir-nos sem medo nem preconceitos.

### Humana

A participação ajuda a pessoa a desenvolver seu potencial humano e, ao mesmo tempo, a fortalecer a dignidade do outro. Como dissemos antes, o voluntariado é uma "ferramenta que humaniza" a sociedade estruturada, competitiva e interessada. É uma "escola" social, na qual a pessoa aprende a responsabilizar-se pelo outro e seu sofrimento, e ao mesmo tempo a valorizar sua contribuição e colaboração para a sociedade.

Todo ser humano anseia por superar-se a si mesmo. É a necessidade humana de transcendência, intimamente unida ao nível espiritual.

Entretanto, se essa motivação não for canalizada corretamente, poderá absorver todas as outras motivações e transformar o voluntário em uma pessoa *egocêntrica e messiânica*. Sua ação deixa de ser solidária com os outros e transforma-se em um "autosserviço". Além disso, as atividades convertem-se em ativismo e pura aparência.

No aspecto humano, devemos tomar cuidado com:

- *Um messianismo* que tente "salvar" o mundo de todos os males. A Beata Teresa de Calcutá compreendeu bem tal risco humano ao afirmar que sua atividade era "uma gota no oceano". No entanto não se deixou vencer pela impotência e pela imensidão dos problemas do mundo. Soube concentrar-se, com toda a limitação humana, na pessoa que tinha à frente, em suas necessidades concretas.

- *O sentimentalismo*, que ocorre quando as tarefas voluntárias surgem da emoção. É preciso haver uma dose de sentimento para ser voluntário, mas não pode ser o elemento mais importante. O que acontece quando o sentimentalismo do momento acaba? Com que se sustentam os ímpetos e as emoções? Deve haver uma força interior, convicções sólidas que sustentem nossas obras para além do ímpeto e da emoção do momento.

- *O altruísmo,* que é a atividade desenvolvida pela pessoa para sentir-se "realizada". É uma necessidade humana de superar-se a si mesmo. Porém, se a generosidade e a magnanimidade do voluntário não estiverem maduras ou bem fundamentadas, os beneficiários de sua obra servirão somente para aumentar seu ego e fazê-lo sentir-se cada vez mais um "super-homem" ou uma "supermulher".

## Conclusão

Sabemos que as motivações são dinâmicas e respondem ao crescimento humano e psicológico do indivíduo. Somos seres humanos a caminho. O voluntariado também é um convite a polir nossa motivação. O chamado a ser voluntário é um chamado à conversão; assim, os que se apresentam para serem voluntários não são pessoas que alcançaram a perfeição. Ao contrário, são convidadas a iniciar um caminho novo que não se sabe aonde as levará.

## Para refletir e compartilhar

- Que é que o motivou a tomar a decisão de pertencer ou não a um grupo que realiza tarefas solidárias?

- Como chegou a este lugar ou instituição e que é que o atraiu?

- Que motivações mudaram e quais perduraram ao longo de seu caminho?

- Que motivações você precisaria amadurecer para melhorar no voluntariado?

# Parte II

## Crescer no voluntariado

*[...] se o grão de trigo que cai na terra
não morre, fica só.
Mas se morre, produz muito fruto.*
(Jo 12,24)

# O tripé que sustenta a panela: os três eixos do voluntariado

Nós que estamos acostumados a cozinhar à lenha sabemos que é preciso haver um tripé para sustentar a panela durante o cozimento. Esta imagem será usada para apresentar os três eixos de que necessitamos para instituir um voluntariado eficaz e duradouro.

Fui descobrindo esses três pontos aos poucos, por isso devo tanto aos voluntários da "Mãos Abertas", que foram meus mestres. A resposta às suas necessidades e à nossa busca de amar e servir da melhor forma possível fez-nos "inventar" diferentes maneiras de organização, melhorando as ideias de outros, adaptando-as à nossa realidade, formando-nos e sustentando-nos em nossa missão. Nesse processo percebi que os três passos são imprescindíveis para organizar um voluntariado. O estilo de implementação pode variar, conforme a realidade e a necessidade, mas esses três passos sempre devem ser dados:

- convidar ou atrair o novo voluntário;
- formar o voluntário;
- sustentar o voluntário.

# 3
# A sarça ardente que atrai

*[...] o amor é forte [...] suas chamas são chamas de fogo,*
*labaredas divinas. Águas torrenciais*
*não puderam extinguir o amor.*

Ct 8,6-7

Quando iniciei na "Mãos Abertas", batizei o trabalho desenvolvido nesta área do voluntariado de "captação de voluntários". Em parte porque não tinha vocabulário suficiente para expressar o que pretendíamos. Tampouco consegui dissimular que a intenção era buscar mais mãos e corações que se somassem a essa iniciativa de amor.

Mais tarde, a equipe de trabalho rebatizou a área como "captura de voluntários" e um amigo do bairro fez-me um desenho engraçado: uma negra com uma grande rede nas mãos pescando todas as pessoas que cruzavam seu caminho. Todos eram voluntários virtuais!

Este primeiro passo de oferecer-se ao serviço aos outros de forma gratuita e voluntária costuma acontecer de diferentes maneiras. Pode surgir da busca pessoal, do convite de uma pessoa amiga ou de uma experiência que nos comova profundamente e provoque uma mudança em nosso olhar e opção de vida. Vou usar uma imagem bíblica para ilustrar este passo.

Podemos deter-nos na figura de Moisés, que, embora ardesse por dentro, ansiando pela libertação de seu povo da escravidão do faraó do Egito (cf. Ex 2,11), sozinho não conseguiu mais que matar um egípcio que maltratava um hebreu (cf. Ex 2,12). Esse fato o levou ao exílio e a uma frustração que o distanciou ainda mais de seu sonho de ver a libertação de seu povo.

Entretanto, Deus, que vê muito mais longe e penetra nossos desejos mais íntimos, apareceu a ele e confiou-lhe a difícil missão de ser o instrumento libertador de seu povo (cf. Ex 3). A missão de Moisés, libertar seu povo, deixou, então, de ser um projeto pessoal para tornar-se projeto de Deus com todo o povo, e Moisés tornou-se um instrumento desse projeto.

## Deus chama-nos através de nossa história pessoal...

A história de cada pesso. esconde seu sonho. No coração, há um anseio por algo que se quer realizar. Deus preparou Moisés, desde o seu nascimento, para ser um instrumento de libertação de seu povo. Seu nascimento em uma época de matança de todos os meninos hebreus no Egito não foi uma casualidade. Sua criação dentro do palácio do faraó propiciou uma sólida educação no conhecimento dos segredos do império. Moisés não perdeu sua identidade hebraica. Ele sabia que o sangue que corria em suas veias vinha desse povo oprimido e escravizado. Ele se identificava com seu sofrimento, embora, por ter sido adotado pela princesa, tenha obtido o privilégio da realeza (cf. Ex 2,9-10). Seu próprio nome, dado pela princesa, revelava sua complicada situação de nascimento.

## ... e de nossos nomes

Venho de uma cultura na qual o nome de cada pessoa é, também, uma indicação de sua personalidade e de sua missão. Por exemplo: entre os iorubás, quando nasce uma criança, não se procura nem se dá o nome imediatamente, mas somente após sete dias, depois de contemplar os acontecimentos familiares anteriores e posteriores ao nascimento. Assim, discerne-se qual é a missão da criança na vida. No início do oitavo dia, e em meio a uma cerimônia familiar, o nome do recém-nascido é revelado. Na celebração, cheia de ritos significativos, são usados símbolos com valores tradicionais e cristãos, como: sal, que dá o sabor à comida, para que a criança dê gosto a todos os que a rodeiam; mel, que significa o esforço e a doçura; peixe, cuja capacidade de nadar faz com que "o mar lhe seja pequeno", expressando com isso o anseio de que o bebê desenvolva-se no mundo com liberdade; água, doadora de vida; além de nozes, pimentas, moedas, a Bíblia etc. Assim, deram-me o nome de Olayemi, que significa "portadora de alegria, prosperidade e bens".

Dessa maneira, o nome revela a circunstância do nascimento de cada pessoa. Pode-se dizer, então, que o nome marca para nós um compromisso e deve estimular-nos a encarar nossa missão no mundo com seriedade.

Agora, você poderia perguntar-se: *Que significa meu nome? Que missão me foi confiada a partir de meu nome?*

Na narrativa do nascimento e chamado de Moisés, podemos discernir a sabedoria de Deus, que opera na história da humanidade e de todas as pessoas. Às vezes, uma aparente desgraça transforma-se em bênção e libertação. É preciso saber enxergar a mão de Deus em nossa história, porque ele intervém em nossas inquietudes para transformá-las em força que provoca mudanças na sociedade.

Cada coração humano abriga um sonho que deverá projetar-se em uma realidade concreta, para contribuir, de maneira afetiva e efetiva, e assim construir um mundo um pouco melhor do que aquele que encontramos. Às vezes, essa busca dura a vida toda, e a impossibilidade de realizar esse sonho é causa de frustrações para muitas pessoas.

A imagem da sarça ardente pode ajudar-nos em nossa reflexão sobre o modo como Moisés foi atraído. Ele tinha uma grande curiosidade, como Ex 3,3 o demonstra: "Vou aproximar-me para admirar esta visão maravilhosa: como é que a sarça não pára de queimar?". A aproximação de Moisés foi por mera curiosidade. Seu motivo para aproximar-se e ver a sarça ardente não era nada sobrenatural ou transcendente. Ele não sabia que era Deus quem o estava atraindo por meio da sarça. Deus valeu-se de sua aproximação curiosa para revelar-se, falar com ele e confiar-lhe sua missão.

Em meu contato com os voluntários, gosto de escutar as circunstâncias que os levaram a registrar-se no voluntariado. Em muito poucas ocasiões tratou-se de motivações muito transcendentes. Em muitos casos, como aconteceu a Moisés, foi fruto de curiosidade, de um acontecimento de pouca importância no cotidiano: o acompanhar um amigo, uma forma de agradecimento a Deus ou a uma pessoa que os ajudou em algum momento.

Lembro-me de que Madre Teresa de Calcutá definiu o início de sua missão de servir aos mais pobres entre os pobres, certo dia, durante uma viagem de trem pela Índia, por não suportar ver tanta gente jogada nas ruas, mendigando pelo básico para viver ou morrer com a dignidade de filhos e filhas de Deus.

Quantas pessoas fizeram essa mesma viagem a seu lado sem, no entanto, dar-se conta de que Deus estava falando, ali mesmo, ao coração daquela jovem religiosa.

A voz de Deus chega até nós no dia a dia, mas é preciso aprender a escutá-la, atendê-la e segui-la. Deus sabe como atrair cada um: por meio de uma conversa, um livro, um aviso, a visita de alguém, uma homilia, a companhia de um amigo ou parente, e por meio de outros acontecimentos comoventes da vida.

## A dor transformadora

De vez em quando, a atração ao serviço que nos envolve com outros e com realidades difíceis surge como resultado de experiências traumáticas que costumam arrancar-nos o que temos de melhor no fundo de nossas almas. São como molas que nos impulsionam para cima e nos fazem seguir adiante com mais força.

As provações da vida podem fazer-nos afundar e tornar-nos pessoas amarguradas, que derramam seu veneno por toda parte. Ou podem ser momentos de crescimento ou de reclusão em nós mesmos. Nunca, porém, as dificuldades deixam-nos iguais a antes.

A sarça ardente que atrai       53

Há uma profusão de exemplos de superação e de pessoas que, a partir de suas próprias experiências de dor, são capazes de curar-se e oferecer uma mão ao que sofre.

Essas pessoas recusam-se a fechar-se em si mesmas e a passar a vida lamentando suas tristezas e sofrimentos. É o caso de Grace, minha irmã mais velha.

Grace viveu 20 de seus 50 anos de vida em uma cadeira de rodas, porque, aos 29, sofreu um grave acidente de carro. Ela era uma mulher tranquila, com a vida organizada, três filhos e marido, e sentia-se realizada em sua carreira de contadora na Universidade de Lagos, Nigéria. O acidente mudou sua vida, radicalmente, em uma única tarde de domingo, porque a deixou paraplégica. Ela passou meses no hospital, com várias complicações. Em alguns minutos sua vida transformou-se. Suas duas filhas e seu filhinho ficaram traumatizados e seu marido teve de lutar para seguir em frente, apesar de tudo.

Grace teve de aprender a virar-se na cadeira de rodas aos 30 anos, quando, em circunstâncias normais, uma pessoa encontra-se em plena juventude.

A família fez todo o possível para reunir forças e seguir em frente. Foram necessários alguns anos para que se acostumassem a essa nova realidade.

Por falta de cuidados adequados, bem poucas pessoas que sofrem acidentes semelhantes sobrevivem na Nigéria.

Grace teve a sorte de contar com uma família com recursos, educação e fé, o que lhe permitiu uma boa recuperação e reabilitação.

Mesmo assim, o fato traumático sensibilizou Grace e sua família para a condição de injustiça, marginalização e sofrimento das pessoas com necessidades especiais no país. Enquanto estava no hospital, deu-se conta de quantos seres morrem no abandono e quantos outros vivem na miséria, angústia e desamparo, que lhes arrebatam anos de vida.

A superação dessa desgraça despertou em Grace e em sua família uma nova consciência das limitações culturais, religiosas, infraestruturais e socioeconômicas da Nigéria no que diz respeito aos direitos das pessoas com necessidades especiais. Assim, iniciaram uma campanha destinada a proteger os mais frágeis. Daí nasceu o que hoje é a *Independent Living for People with Disabilities* [Vida Independente para Pessoas com Deficiência Física]. Essa fundação, que participa de congressos internacionais e vem alcançando reconhecimento e credibilidade no âmbito local, tenta reunir e oferecer um espaço de autoajuda para todas as pessoas que atravessaram experiências traumáticas desse tipo.

Ao mesmo tempo, iniciou-se uma campanha para conscientizar uma sociedade fechada e insensível ao sofrimento dos mais fracos. É maravilhoso observar quantas pessoas se beneficiam dessas obras que lhes devolvem esperança e dignidade.

Há muitos exemplos de homens e mulheres que conseguiram uma superação impactante depois de sofrer doenças, perdas e experiências muito dolorosas.

A experiência de pessoas que sofreram continua sendo uma das maneiras mais eficazes de tocar vidas e oferecer-se aos outros. A pessoa que cura não se oferece a partir de uma teoria ou da autossuficiência, mas de sua própria experiência, sofrimento e superação.

Esse tipo de voluntariado é muito enriquecedor. A "Rede Sanar", fundada pelo Padre Mateo Bautista, na Argentina, e que também está crescendo em outros países, emprega o sistema com o objetivo de convidar e formar seus voluntários.

As pessoas que atuam no voluntariado receberam, elas mesmas, auxílio para curar-se e superar seus sofrimentos e perdas.

Essa maneira de assumir o compromisso voluntário e solidário é muito eficaz, porque a pessoa não dá a partir de uma base teórica, mas da fragilidade de seu próprio sofrimento, de sua própria vulnerabilidade transformada em força.

A grandeza que pode surgir da vulnerabilidade foi comprovada por Scott Peck, psiquiatra e escritor norte-americano, ao afirmar que "[...] talvez a melhor medida da grandeza de uma pessoa seja sua capacidade de sofrimento [...]" e "[...] somente aqueles que são capazes de conservar sua capacidade de vulnerabilidade convertem-se em verdadeiros e grandes líderes".

Na sociedade moderna, a vulnerabilidade converteu-se em sinal de fragilidade, quando deveria ser um instrumento para fomentar a sensibilidade: porque a sensibilidade ajuda-nos a responder com empatia aos que sofrem. A vulnerabilidade sensibiliza o coração a tal ponto que surge nele o desejo de dar-se aos demais.

O problema, muitas vezes, é que calamos o coração para não nos sentirmos frágeis e vulneráveis. Ao contrário, podemos render-nos e ser incapazes de dar-nos e acabamos caindo na tentação do desalento, diante da magnitude dos problemas sociais e humanos que abatem o mundo de hoje.

Cada caminho tem seu começo. Diz um ditado popular que "uma viagem de mil quilômetros começa com um passo". Entretanto é preciso ter ânimo para empreender esse caminho decisivo, sobretudo quando se trata de uma opção radical. Segundo minha experiência, o primeiro passo costuma ser difícil. Ao mesmo tempo, está cheio de ilusões que dão forças para o arranque. Mesmo assim, corre-se o risco da desilusão no meio do trajeto, porque o caminho do compromisso apresenta dificuldades que podem representar obstáculos à perseverança.

## O primeiro passo é o mais difícil

Devemos reconhecer que o primeiro passo é o mais difícil. Muitas pessoas querem comprometer-se com algo, no entanto há sempre um "porém" que as impede de fazê-lo.

Gosto muito da história de Santo Expedito, cuja conversão o diabo tentava postergar dizendo-lhe "Amanhã", para que não assumisse um compromisso concreto. O Espírito de Deus, ao contrário, não pode ser postergado: é sempre "hoje". Não se deve deixar para amanhã o que se pode fazer agora. Sempre haverá razões para não fazê-lo: "o tempo que escapa"; "a necessidade de trabalhar dobrado para pagar as contas"; "as tantas pressões sociais" etc.

Outra estratégia é colocar a culpa no Estado por não responsabilizar-se pela necessidade dos pobres: "Por que pagamos impostos se o Estado não se responsabiliza?"; "Que é que a Igreja está fazendo (como se não fôssemos todos nós a Igreja) que não cuida dos pobres?". Mesmo com todas essas desculpas, não devemos "lavar as mãos", porque o chamado a ser solidário é um chamado pessoal, a cada um. Quando, ao contar a parábola do bom samaritano, Jesus ordenou "Vai e faze tu a mesma coisa" (Lc 10,37), não se dirigia à multidão. Podemos imaginá-lo olhando-nos no rosto e dizendo-nos que devemos responsabilizar-nos por tantos de nossos irmãos e irmãs que estão caídos à beira do caminho.

Cada um deve contribuir com sua própria resposta, porque, afinal, a pergunta é pessoal e, portanto, a decisão também o será: dar de comer ao que tem fome ou roupas aos que não as têm, visitar os doentes ou os que estão presos etc.

Para concluir esta reflexão, animo-me a dizer que cada um de nós também serve de instrumento para atrair e convidar outros a tomar parte nesta nova sociedade solidária e fraterna. Todos somos "pescadores de homens". E de mulheres também! O problema está em não assumirmos o belo compromisso de ser estímulos para que outros deem o passo.

Às vezes, pergunto-me por que não sabemos aproveitar os meios modernos para convocar mais pessoas para as obras de caridade. Há tanto marketing para as coisas vazias do mundo e, no entanto, não sabemos "vender" aquilo que eleva a humanidade e faz tanto bem, além de encher-nos de alegria. Na realidade, não irradiamos a alegria e a plenitude de ser voluntários. Em muitas ocasiões levamos o serviço como um peso enorme, uma carga que nos esmaga, e assim, claro, ninguém se aproxima; ao contrário, foge!

Oxalá ouçam-nos dizer: "Há mais felicidade em dar do que em receber" (At 20,35).

## Para refletir e compartilhar

- Em que momentos de sua vida já se sentiu chamado a servir às pessoas? Quais eram as situações pessoais ou familiares nesses momentos?
- Como foi seu primeiro passo para tornar-se voluntário? Quais eram seus medos e ilusões?
- Como se sentiu ao começar?
- Você é um estímulo para os que querem empreender o caminho do voluntariado?
- Que valores e antivalores você transmite com suas atitudes e sua forma de ser voluntário(a)?

# 4
# É preciso saber fazer bem o bem

*Decidi, pois, tomá-la por companheira de minha vida, sabendo que me seria conselheira para o bem e conforto nas preocupações e na tristeza.*

Sb 8,9

O ditado popular que explica este passo do voluntariado é: "Boa vontade não basta". É preciso educar a vontade da pessoa para fazer bem o que é bom.

A formação para a ação solidária pode ser encarada de diversas maneiras, segundo as obras a serem realizadas e o espírito da organização à qual se pertence.

A formação não pode circunscrever-se a uma mera teoria. Embora o saber seja imprescindível no voluntariado, sua alma é o ser e o fazer.

Para sermos coerentes, nosso ser não deve estar separado de nossa ação. Uma boa formação de voluntários tem de envolver o saber, o ser e o fazer. O divórcio entre a vida e nossas convicções religiosas e sociais é o mal de nosso tempo, um mal que devemos remediar.

Esse processo não acontece de um dia para o outro. É preciso tomar consciência de percorrer o caminho da conversão e crescimento permanente no aspecto pessoal e comunitário. Precisamos da formação e da informação para superar a ignorância. O voluntariado fornece este espaço de educação contínua e facilita o crescimento pessoal e grupal dos cidadãos.

## O ser

O primeiro ato do voluntário é conhecer-se a si mesmo, porque ninguém pode dar aquilo que não *é*. Segundo o Padre Mateu Bautista, "o serviço não é para encobrir. O que não se conhece não pode servir. Por isso devo conhecer-me para poder servir". A formação da pessoa, em seu ser, é o que edifica a sociedade, a expressão total dos membros que a conformam.

A formação do ser tem suas raízes na infância de cada pessoa, nos valores e na visão dos que influem em nossa educação precoce.

O ensino formal nas escolas e colégios constitui uma grande parcela dessa educação, e a família é o pilar que inculca tais valores no menino e na menina.

Em nossa sociedade, a Igreja foi protagonista dessa educação no ser da pessoa por sua missão evangelizadora e sua doutrina social. Hoje, esse papel da Igreja dilui-se, porque nossa sociedade torna-se cada vez mais pluralista, com uma diversidade religiosa e ideológica.

Entretanto, há valores universais e humanos que respondem a todas as civilizações e crenças. Por exemplo: a dignidade do ser humano, o respeito, a solidariedade, a liberdade, o serviço, entre outros, são valores próprios de toda cultura e geração.

A formação do ser da pessoa é fundamental, porque determina todas as opções consequentes em sua vida. A própria sociedade tem sua maneira de transmitir seus valores às crianças e jovens.

No meu caso, venho de uma cultura em que a tradição oral é notável. Uma de minhas mais belas recordações da infância é a de meu pai sentado fora de casa, sob a luz da lua, contando a nós, crianças, histórias sobre as crenças e tabus de nosso povo e sobre seus antepassados. Eram histórias com moral embutida, mitos, refrães, provérbios e canções populares. Na escola, havia um horário destinado a essas histórias, que eram contadas em nossa língua materna, para manter viva a tradição oral que nos identifica. A cultura é um grande depósito de valores humanos. Quando ela é ambígua, perdem-se a essência e a identidade de um povo.

A dupla mensagem confunde os jovens. Muitos expressam sua inconformidade por meio de opções extremas de rebeldia social e rejeição, enquanto outros se arriscam a declarar seus fundamentos com opções claras de esperança no futuro.

A humanidade, desde seu início, vive a experiência da interdependência. Nenhum ser humano basta a si mesmo. Todos nós necessitamos dos outros e de possuir o sentido da continuidade de nossa história. As crises de identidade fazem-nos perder a memória do passado, não nos permitem viver o presente com responsabilidade e anulam o futuro, por causa da falta de projetos promotores de esperança.

O voluntariado não surge somente da necessidade material, embora esta seja mais urgente. Ocupa-se, também, da necessidade humana, cultural, afetiva e emocional. Quanto mais humana é uma sociedade, mais espíritos voluntários despertam entre os cidadãos. Portanto o voluntariado é um dar e receber humanamente, no qual aquele que dá enriquece-se e quem recebe satisfaz-se humana e materialmente.

O voluntariado, a partir do ser, é chamado a um novo modo de fazer, sinal profético 'a sociedade à qual pertence.

## O ser voluntário: do funcional ao verdadeiro compromisso

A maioria das organizações voluntárias é instituída com o objetivo de suprir carências da sociedade. E os indivíduos que se incorporam aos grupos voluntários apresentam diversas motivações. Mesmo assim, como desafio, o voluntariado deve perfilar um modo de ser das pessoas que realizam essa opção. Não deve tratar-se de um simples cumprimento de funções sociais ou de um "passatempo" dirigido a uma faixa da sociedade. O ser voluntário deve marcar um estilo de ser pessoa.

Um breve resumo histórico do nascimento dos grupos voluntários vai nos ajudar a entender o papel do voluntário desde o funcional até o estilo que o distingue como pessoa.

Antes da Segunda Guerra Mundial, o voluntariado existia de uma maneira mais "espontânea" e comunitária, sem excessiva organização e formalidade legal. Mais tarde, em virtude das sequelas deixadas pela guerra na Europa e nos Estados Unidos, experimentou-se a urgência de uma organização que satisfizesse as necessidades mais prementes: moradia, alimentação, viagens e cuidados dos imigrantes, busca de identidades, orfanatos etc.

Assim, foram criadas as organizações não governamentais (ONGs), tanto nos âmbitos social e político como no eclesiástico. Na Argentina, as ONGs surgiram a partir da era democrática, quando as pessoas começaram a desenvolver atividades solidárias. Nesses momentos de crise organizaram-se movimentos solidários que se manifestam nas sopas populares, cooperativas de habitação, oficinas educativas, abrigos para idosos etc.

Diante do fracasso da política neoliberal em satisfazer as necessidades das pessoas e a imposição da lei da "sobrevivência do mais forte", uma grande faixa de nossa sociedade ficou desprotegida, e essa realidade fez surgir pessoas e organizações que atuam na defesa da dignidade humana, especialmente dos mais fracos.

Nosso desafio, hoje, é evitar que esses movimentos solidários convertam-se em simples moda, desvinculada da realidade da comunidade. Como voluntários, devemos lutar para construir uma sociedade que assegure o bem-estar de todos, desde o nascimento até a velhice e a morte digna, como todo ser humano merece.

## O saber

A educação do saber também se encontra em crise, porque se exagerou o conhecimento intelectual em lugar do saber viver, proporcionando ferramentas que forneçam plenitude ao ser humano desde o histórico, espiritual, científico, social e humano.

O pensador francês Louis Lavelle (1883-1951), em seu livro *Filosofia do espírito*, expressou que "a maior parte dos conhecimentos que adquirimos nos são tão exteriores quanto as coisas materiais. Por isso são praticamente inúteis. Inflam o espírito em vez de iluminá-lo".

Os avanços tecnológicos e científicos provocaram uma desvalorização do ser humano em sua essência.

Todo saber que não contribui para a promoção da pessoa em sua integridade não pode considerar-se civilização. Há muito saber, na atualidade, que só serve para a destruição e desumanização da sociedade.

Aonde esse "saber" leva a humanidade? O "saber" que deixa continentes na miséria, milhões de homens e mulheres desempregados, sem moradia, sem assistência médica e sem educação, o "saber" que asfixia a humanidade em sua essência e a lança em uma guerra contra sua própria sobrevivência.

O desafio é desenvolver o saber que a pessoa tem como centro, com Deus acima de todos.

É muito fácil elaborar uma antítese do sistema atual, porém é difícil edificar algo novo a partir das cinzas das guerras, dos ódios e das vinganças. Uma visão positiva, alentadora e otimista do mundo exige o compromisso de colocar mãos à obra e aproveitar tudo que é bom para o bem comum e não para a opulência de uns poucos.

A educação no saber do voluntariado não é uma simples teoria, é uma educação no compromisso de aplicar todo o saber, de forma direta, em um gesto solidário que dignifique a pessoa por inteiro.

Lembro-me de que, quando iniciamos a "Casa da Bondade, em Córdoba, a maioria de nós, voluntários, pouco sabia sobre como cuidar de um doente terminal, além de sentir medo. O compromisso de fazer o melhor possível fez-nos adquirir a formação necessária, a fim de que nosso cuidado e carinho para com nossos "patrõezinhos" (assim chamávamos os doentes, segundo o costume de Santo Alberto Hurtado, jesuíta chileno e fundador do "Lar de Cristo") alcançassem a máxima eficácia. Para nós, o saber não implica acumular diplomas ou conhecimentos. O saber é para servir da melhor forma possível.

Oxalá os cientistas e pesquisadores de nosso tempo não se valham de seus meios somente para obter fama, mas, antes, preocupem-se em servir à humanidade com seus conhecimentos.

Uma de minhas grandes tristezas, como africana, é pensar que milhões de africanos subsaarianos morrem, ainda hoje, de malária (paludismo). Atualmente, mais pessoas morrem em consequência de paludismo do que por HIV-Aids. Parece que há uma cumplicidade de silêncio sobre o tema. Se o mundo avançou tanto tecnologicamente, como é possível que não se tenha encontrado uma solução para a malária? Será porque ela afeta o chamado Terceiro Mundo?

## O fazer

A ação concreta é o que mais atrai. A pessoa que se inicia no voluntariado está, quase sempre, cheia de entusiasmo por fazer algo. Muitas organizações aproveitam-se desse entusiasmo e imediatamente atribuem ao voluntário várias atividades, com muito pouco preparo. O resultado é a falta de continuidade. É como a semente que cai em solo pedregoso e, mal enfrenta problemas climáticos, seca, porque não tem raízes profundas que lhe permitam suportar as adversidades do tempo. A obra cujas raízes não são profundas (ser e saber) não perdura.

O fazer deve sustentar-se no ser e no saber para que as ações solidárias fundamentem-se em valores humanos sólidos e no conhecimento pessoal. Quando nosso fazer não tem uma base sólida e bem fundamentada, podemos cair no ativismo ou em uma ação que acaba em assistencialismo e que não contribui para o crescimento da pessoa.

O voluntariado pode oferecer essa educação não formal em que os cidadãos aprendam o ser, o saber e o fazer na sociedade em transformação.

Cada organização assume um modo de fazer as coisas, e isso também contribui para a identidade de cada uma. Por pertencer a uma congregação religiosa internacional, dou-me conta da importância de ter claro o modo de ser e de fazer que identifica a instituição. A inculturação, na realidade local, é indispensável para viver nossa missão em cada lugar, porém também há nosso modo próprio de proceder que nos identifica. Ao chegar a nossas comunidades em diferentes continentes, chama-me a atenção a forma como me identifico rapidamente com a simplicidade do estilo de vida e das obras apostólicas de todas as irmãs.

Em minha comunidade da Villa El Libertador éramos três: uma francesa, uma irlandesa e uma nigeriana. Antes de viver na mesma comunidade, não nos conhecíamos, entretanto tínhamos uma convivência harmoniosa, que dava um belo testemunho da universalidade da Igreja, porque partilhávamos do mesmo carisma.

O modo de realizar as coisas de cada instituição também ajuda a não cair na ambiguidade de sua essência, nas distintas circunstâncias de trabalho e missão.

## A formação que prepara para a entrega

Mesmo que a pessoa tenha a base necessária para oferecer-se de forma gratuita e voluntária, falta-lhe um preparo que lhe permita oferecer-se em um serviço concreto, sem prejudicar sua pessoa nem a obra de sua escolha. Há diferentes caminhos e etapas. O importante é adequar a teoria à prática para que a formação não seja uma estrutura sem sentido, mas uma forma de responder à situação real concretamente. Na experiência podemos distinguir as três etapas da formação dos voluntários que pertencem a instituições de serviço: formação inicial, formação específica e formação permanente ou contínua.

### *Formação inicial*

Corresponde ao começo do caminho. É um passo obrigatório para consolidar o ser, a motivação e o espírito do voluntário. O essencial nesta etapa é ajudar a pessoa a descobrir sua opção, o que a motiva a exercer tal opção, e a tomar consciência de seus dons, suas aptidões e limitações para que suas ilusões e entusiasmo insiram-se na realidade concreta.

Outro aspecto importante na formação inicial é o conhecimento da instituição que se elegeu para a ação solidária, seu espírito e organização. É o momento de discernir a compatibilidade entre a pessoa e a instituição. Nesta etapa é preciso respeitar a liberdade de cada pessoa, sua opção de pertencer ou não, e a decisão da instituição quanto ao tipo de voluntário que procura e seus critérios de pertença. Por essa razão tal etapa pode incluir oficinas, entrevistas e palestras.

Às vezes, considera-se esse um trâmite burocrático, portanto sendo desnecessário que o voluntário atravesse tal período formativo. Além disso, supõe-se que a maioria das pessoas que se apresentam percorreu um caminho pessoal e que, portanto, não deve ser submetida a perguntas e a oficinas. Esse parece ser um protocolo desnecessário, porque existe uma ansiedade em começar o trabalho.

Entretanto, comprovou-se que a formação inicial é um passo propício para que a pessoa e a instituição mantenham seus critérios de serviço e, ao mesmo tempo, se unam com o fim de alcançar seus objetivos.

## Formação específica

É a etapa na qual a pessoa voluntária aprende o modo de fazer da instituição na qual pretende ingressar. Dependendo da característica da obra, pode ser técnica, prática ou informativa. É um espaço em que os preconceitos e medos são confrontados. A meta é ajudar a pessoa a chegar a um equilíbrio pessoal e oferecer-lhe ferramentas práticas para desenvolver sua tarefa solidária com maturidade e eficácia. É um passo necessário para alcançar uma continuidade eficaz e afiançar um desenvolvimento harmonioso em equipe.

Tal tipo de formação deve ser oferecido por pessoas que tenham experiências com iniciantes na obra, assim o novo voluntário irá se sentir seguro para ir-se integrando no grupo, aprendendo os códigos e o estilo de trabalho, além de discernir se sua personalidade e habilidades são realmente aptas para a tarefa a que se propõe.

A formação específica conclui-se com a designação do voluntário para uma área ou tarefa concreta. É melhor que a pessoa assuma as responsabilidades gradualmente e seja apoiada por outros que já tenham um caminho feito. O desafio desta etapa é conseguir o equilíbrio adequado para acompanhar o novo voluntário sem tirar-lhe a liberdade de caminhar como adulto, quer dizer, apoiar sem asfixiar.

## Formação permanente ou contínua

O ingresso em qualquer obra solidária é apenas o começo de um longo caminho, no qual o voluntário vai descobrindo suas limitações e necessidades. A experiência apresenta-lhe novos questionamentos, novas buscas e novos horizontes, que até então lhe eram desconhecidos. A formação permanente é o espaço de busca de novas respostas e caminhos por meio de palestras, debates, oficinas etc., procurando o desenvolvimento de novos modelos para a sociedade que lhe permitam dar o melhor de si mesmo e continuar crescendo. É como o bônus indispensável para manter o frescor de nossas obras.

Os temas de formação devem aflorar da experiência e dos problemas que surgem no caminho. Sempre há alguém que saiba mais que a pessoa, e a aprendizagem é um processo longo. A gente aprende e cresce a vida toda.

Assim como nenhuma cultura é estática e tudo está em evolução, o voluntariado é um espaço no qual se desenvolvem novos paradigmas para a sociedade, estando as pessoas voluntárias mais bem preparadas para contribuir para este caminho, já que o realizam a partir de sua experiência

## Para refletir e compartilhar

- Quais são as experiências significativas que influíram na escolha do seu voluntariado?
- Qual é a contribuição do atual sistema educacional para o saber que humaniza a sociedade?
- Quais são as perguntas e inquietudes que surgem em seu caminho de entrega como voluntário?

- Que etapa de formação está faltando no programa de voluntariado?
- Que novos horizontes você tem descoberto a partir de seu caminho no voluntariado?

# 5
# Cansados sim, mas não desgastados

*Sem espírito de sacrifício,*
*sem uma vida de oração,*
*sem uma atitude de arrependimento íntimo,*
*não seríamos capazes de realizar nossa tarefa.*

Madre Teresa de Calcutá

Há um ditado em meu idioma materno (iorubá) que pode ser traduzido assim: "O começo não é o heroico; o que persevera até o fim é o verdadeiro herói". Uma das coisas mais difíceis, hoje em dia, é a perseverança. A sociedade moderna propõe uma vida sem compromisso duradouro. Assumir um compromisso por toda a vida é um desafio. Mesmo o casamento, a consagração religiosa etc. são assumidos com o mesmo relativismo de não se sustentar nas provações. O mais difícil, para as organizações solidárias, é conservar o entusiasmo do começo e não sair da moda. Mais difícil, ainda, é sobreviver às gerações e aos grupos que iniciaram o projeto.

Não vamos confundir as coisas: há serviços que perdem a relevância com o tempo.

A solidariedade é necessária para combater as injustiças. Entretanto, se conseguíssemos organizar a sociedade de tal forma que a ninguém faltasse um teto, comida, roupas, saúde etc., então poderíamos esquecer os albergues e centros de ajuda que cobrem essas falências e passar a programas que promovessem o desenvolvimento humano e espiritual.

Padre Hurtado afirmava, com muita razão, que "A injustiça causa muitos mais males do que a caridade consegue reparar".

É pena que, muitas vezes, a urgência em satisfazer as necessidades básicas faça-nos perder o horizonte, impedindo-nos de avançar para outro nível de desenvolvimento, como nas áreas educativas, de saúde, pastoral e social, que promovem a vida humana e espiritual.

Não se deve insistir nos serviços obsoletos. Tratemos de responder aos problemas de maneira mais real. Não continuemos colocando força onde não é necessária.

Lembro-me da crise do "corralito",[*] em 2001. Não havia dinheiro vivo e os produtos básicos escasseavam no bairro: óleo, erva-mate, açúcar etc. Por isso demos início aos grupos de troca. Era uma forma criativa de enfrentar os tempos difíceis. A pessoa que tinha dois quilos de erva-mate trocava uma parte por açúcar, batatas por um pouco de ovos etc. Depois, os "biscates" voltaram, cada um pôde comprar o que precisava, e os clubes de troca desapareceram, graças a Deus. Não obstante, continua-se a prestar ajuda a famílias em situações de emergência. É preciso distinguir entre esse tipo de extinção e a interrupção de um projeto. A perseverança é um sinal de respeito para com os pobres e de uma opção por servir ao que mais sofre. Na atualidade, o desafio é não deixar o importante para atender o urgente.

A falta de perseverança costuma ser fruto do cansaço, de nossa impotência por não poder solucionar os problemas que parecem multiplicar-se a cada dia. Como cansar sem desgastar-se? Quais são os elementos que nos ajudam a perseverar até o fim?

Padre Rossi partilhou conosco uma poesia do Beato Manuel González, que na época me fez muito bem:

---

[*] Bloqueio de contas bancárias imposto durante o governo de Fernando de la Rúa. (N.T.)

> Sim, ainda que o desalento pelo pouco fruto
> ou pela ingratidão nos assalte,
> ainda que a fraqueza nos abrande,
> ainda que a fúria inimiga nos persiga e calunie,
> ainda que nos faltem o dinheiro e os auxílios humanos,
> ainda que nossas obras venham ao chão,
> e tenhamos de começar de novo...
> Mãe querida... Que não nos cansemos!

Um novo projeto pode encher-nos de sonhos, mas, à medida que nos comprometemos, a realidade vai-nos apresentando dificuldades, decepções e lutas que podem esvaziar nosso entusiasmo. O desânimo e o cansaço fazem-nos bem enquanto nos ajudam a recolocar o coração nas coisas mais importantes e a não gastar força no que não produz vida.

Também podem ser úteis para que entremos em contato com nossos limites diante dos problemas e para que não nos julguemos onipotentes. Às vezes, essas situações obrigam-nos a rever nossas motivações. Deus chamou-nos não para perseguir o êxito, mas para sermos fiéis no serviço. Não devemos medir os frutos pelo êxito no sentido de aplausos e reconhecimento social. Os frutos da boa obra servem à comunidade, produzem vida, alegria, paz, amor e harmonia.

De onde vêm o cansaço, o desânimo e a frustração? Não devemos esquecer-nos de que o cansaço e o desânimo são normais, fazem parte da natureza humana. Não é pecado sentir-se desanimado; é falsa a ideia de que os bons cristãos ou os bons obreiros são infatigáveis e nunca caem no desalento.

A imagem do grande apóstolo Paulo reconforta-me nessas situações-limite que, às vezes, vivemos. Paulo é um grande personagem, a força de sua personalidade é indubitável. Entretanto ele percebeu uma fragilidade em sua missão e fala dela em 2Cor 12. Ele nos ensina uma atitude diante das nossas fragilidades:

> Se é preciso gloriar-se, é de minhas fraquezas que me gloriarei! (2Cor 11,30). Por isso, de bom grado, me gloriarei das minhas fraquezas, para que a força de Cristo habite em mim; e me comprazo nas fraquezas, nos insultos, nas dificuldades, nas perseguições e nas angústias por causa de Cristo. Pois, quando sou fraco, então sou forte (2Cor 12,9c-10).

O fato de sermos cristãos não nos priva de nossa condição de humanos, mas implica saber superar os limites próprios de nossa natureza e manifestar que o poder que trabalha em nós é maior que nós mesmos. A experiência comum que todos nós partilhamos é esta incompetência e incapacidade que carregamos em nosso interior. Aceitar o compromisso de ser voluntário e assumir as responsabilidades é um ato de fé em Deus que nos sustenta.

Uma de minhas frases alentadoras nos momentos difíceis é: "Àquele que tem o poder de realizar, por sua força agindo em nós, infinitamente mais que tudo que possamos pedir ou pensar" (Ef 3,20).

Entre tantos desafios na vida missionária, é muito difícil responder pontualmente às pessoas quando nos atribuem o crédito da entrega e da dedicação. O mesmo acontece com o serviço do voluntário. Creio que ninguém pode deixar sua família, casa etc. por uma hora sequer se não estiver movido pela força do amor, cuja raiz está em Deus. Não é fácil para ninguém, mas Deus concede-nos a graça de alcançar muito mais do que podemos imaginar.

Citemos, também, outro grande apóstolo, Pedro, que começava a afundar no lago ao caminhar para Jesus. No entanto soube gritar e pedir ajuda ao próprio Cristo: "Senhor, salva-me". E Jesus estendeu-lhe a mão e o sustentou, dizendo: "Homem de pouca fé, por que duvidaste?" (Mt 14,31).

O problema é que, em muitas ocasiões de nossa vida, especialmente quando estamos desanimados e tristes, não sabemos pedir ajuda. O medo, a insegurança e o desânimo impedem que nos abramos aos outros e que vejamos os meios que Deus nos concede para dar sentido cristão à cruz e torná-la fecunda com o sofrimento.

O desânimo deve levar a pessoa de volta a Deus, a fim de recobrar a perspectiva correta das coisas, porque, quando estamos deprimidos, não enxergamos as coisas pelo ângulo certo. Às vezes, temos a missão de animar, ajudar, acompanhar, respaldar outras pessoas. Nesses casos é bom que nos recordemos de que somos meros instrumentos e que Jesus Cristo é o único absoluto que gera verdadeiras mudanças espirituais em nossas vidas. A oração e a união com ele permitem-nos sustentar um crescimento autêntico que fecunda nossos sofrimentos como espaços da paixão e ressurreição no caminho da vida.

A motivação e a perseverança estão muito relacionadas. Nosso voluntariado deve fazer-nos crescer como pessoas e amadurecer como cristãos. Se isso não acontecer, devemos rever as motivações que nos movem.

Algumas expectativas não se cumprem no trabalho voluntário, às vezes pela fantasia que quase sempre acompanha os começos, outras vezes porque essas não amadurecem à medida que a pessoa caminha. As motivações não podem ficar estancadas. Devem evoluir junto com a pessoa.

Há duas grandes causas de deserção do voluntário:

1. *Falta de maturidade nas motivações e sustentação do espírito:* a desilusão alimenta-se das dificuldades próprias do caminho, gerando a inconstância

no compromisso e o desânimo na entrega. O caminho de cada pessoa e a organização de um programa de contenção humana e espiritual podem ser elementos determinantes para chegar-se a uma maturidade consolidada. Uma das vantagens mais contundentes de pertencer a uma organização ou equipe é que elas oferecem formação, conselhos, contenção e sustentação ao voluntário nos diferentes momentos do caminho. A maturidade é alcançada no contato com outros. É um processo que implica encontro e enriquecimento mútuo, por isso mesmo o voluntariado é propício para alcançar a maturidade humana.

2. *Falta de afirmação:* quando falamos de reconhecimento do voluntariado, devemos diferenciar entre o reconhecimento do voluntariado em geral, por parte da sociedade, das administrações etc., e o reconhecimento do voluntário individual, pelo trabalho e dedicação à organização à qual pertence.

Assim, podemos falar de reconhecimento do *voluntariado* como algo global e de reconhecimento do *voluntário* como pessoa individual que desenvolve uma atividade. O reconhecimento pode vir da administração, da sociedade e da própria organização. Não devemos esquecer que a afirmação é boa para a sociedade, a fim de alcançar o apoio e o fomento de mais setores, e os voluntários permaneçam na organização motivados e ativos.

## Reconhecimento sem vanglória

Alguns defendem que não é necessário que os voluntários recebam reconhecimento, já que desenvolvem sua atividade de um modo altruísta e gratuito, e isso seria contradizer seu autêntico espírito, já que seu reconhecimento reside na satisfação que recebe de sua própria ação. Santo Alberto Hurtado dizia: "A recompensa de uma boa obra é tê-la feito".

Para os cristãos, nossos serviços e atos de caridade não devem ser demonstrados com o fim de vanglória (cf. Mt 6,3). Ninguém, com verdadeiro espírito de voluntariado cristão, deve buscar recompensa ou reconhecimento.

Não obstante, o agradecimento é um bálsamo para todo ser humano. As obras não são realizadas com o fim de receber reconhecimento, mas a verdade é que é favorável que os voluntários desempenhem suas tarefas em um ambiente de respeito e cordialidade. O saberem-se valorizados assegura sua permanência e rendimento na organização.

Por outro lado, se quisermos que o voluntariado ocupe, na sociedade, o papel que lhe corresponde, os sistemas de reconhecimento públicos tornam-se fundamentais. Sua correta valorização por parte da sociedade ajuda a ressaltar o serviço e a solidariedade como valores importantes a serem cultivados no âmbito cultural e social.

## Os limites do reconhecimento

Os sistemas de reconhecimento do voluntariado podem ter um limite. Em princípio todos estamos de acordo que o voluntariado realiza sua ação desinteressadamente e isso supõe que não espera receber nada em troca. No entanto falamos do reconhecimento como um elemento imprescindível para que ele perdure na organização. Porém qual é o limite? Qual é a fronteira entre reconhecimento e incentivo do voluntariado? Os incentivos constituem um sistema de reconhecimento válido para o voluntariado? Existe diferença entre reconhecimento e incentivo? Na maioria das ocasiões, os voluntários não buscam qualquer reconhecimento. Na organização, tenta-se aplicar um incentivo que ajude a manter o voluntário motivado e envolvido em sua tarefa.

Entretanto os sistemas que geralmente exercem maior efeito no voluntariado são os reconhecimentos informais, aqueles que se produzem no dia a dia e que facilitam os meios adequados para o desenvolvimento de seu trabalho.

## Gestos que incentivam

- *Agradecimento*. A cultura dos iorubás, no sudoeste da Nigéria, valoriza o agradecimento. Para eles, agradecer não é um simples gesto de boa educação: é, também, um ato sagrado e de profundo respeito. A palavra "obrigado" é pronunciada várias vezes ao dia. As saudações habituais incluem, sobretudo, "graças a Deus". O valor da gratidão expressa-se neste ditado popular do povo: "Um desagradecido é como um ladrão que rouba o que não lhe pertence".

Segundo essa crença, sempre existe um motivo para "agradecer", por menor que seja. Embora os voluntários realizem suas obras por amor, o agradecimento fá-los crescer na bondade e saber que seus gestos e ações são importantes para os outros. Jesus elogiou o samaritano que foi curado da lepra porque ele voltou para agradecer: "Não houve quem voltasse para dar glória a Deus, a não ser este estrangeiro?" (Lc 17,18).

Os missionários que trabalhavam em meu povo ficavam impressionados pela maneira como as pessoas expressavam a gratidão: toda a família ia em grupo para agradecer e levava algo de sua pobreza para retribuir o recebido. O agradecimento é um gesto social, e cada instituição deve implementar seu modo de manifestar gratidão aos voluntários. É uma forma de demonstrar o carinho e apreço pelas pessoas que colaboram com seu amor e serviço.

- *Afirmação verbal.* É igualmente importante dizer ao voluntário que ele realizou um bom trabalho. Costumamos dar por certo que a pessoa sabe que apreciamos seu esforço, mas é preciso comunicar isso a ela. A psicologia moderna chama isso de *reforço positivo*: uma ajuda para levantar a autoestima e uma valorização pessoal que faz crescer. O Padre Ángel Rossi, jesuíta cordobês e mentor da Fundação Mãos Abertas, sustentava que para construir a comunhão é preciso descobrir o que há de bom em cada pessoa: "O desafio é encontrar o lindo, o resgatável do outro e de si mesmo, e uni-lo para o serviço".

É fácil e nada novo ver o negativo das pessoas. Em uma dinâmica de grupo, fizemos um exercício com o intuito de elaborar uma lista dos aspectos negativos de cada pessoa. Foi um exercício rápido e bem divertido. Porém, quando chegamos à parte de escrever algo bom sobre cada pessoa, o ambiente tornou-se tenso e mais sério. Custa, não? Ver o outro e dizer-lhe: "Que genial que você é. Avante!". Geralmente, tememos a vaidade e, assim, falhamos em elogiar e reconhecer a quem merece. A vaidade é um problema de atitude imatura diante do reconhecimento. Sem dúvida, a verdadeira humildade aceita o bom em si mesmo e nos demais.

## Algumas atitudes que sustentam o voluntário

- *Partilhar as coisas simples da vida.* Os momentos amenos compartilhados são parte integral do voluntariado. Não é uma simples reunião social, é um formar comunidade e constituir-se em família. Na "Casa da Bondade", os cafés dos grupos de cada dia transformam-se em um espaço sagrado. Esses dez minutinhos são o primeiro instante de contenção para que continuemos a oferecer-nos aos "patrõezinhos". Nesse espaço são partilhados o trabalho e a dor, a tristeza e a alegria de viver e servir.

- *Pedir sua opinião.* No voluntariado, todas as opiniões e pontos de vista podem enriquecer o trabalho. É um sinal de reconhecimento incluir a pessoa nas tomadas de decisão, pelo menos na etapa da consulta. Quando a pessoa dá sua opinião, sente-se envolvida na obra e contribui para que a visão da direção amplie-se ainda mais.

- *Mostrar interesse por sua realidade pessoal.* Somos pessoas integrais. A vida não pode ser fracionada, não se pode separar as horas investidas no voluntariado daquelas dedicadas ao resto da vida: à família, ao trabalho, aos afetos, à prática espiritual, ao estudo etc. Muitos voluntários perseveram quando podem compartilhar os outros aspectos de sua vida com seus companheiros. É saudável respeitar e dar espaços para o compartilhar em nível humano e espiritual.

- *Oferecer um sorriso.* O sorriso é algo tão simples e, às vezes, pouco comum. Quando nos cruzamos pelos corredores, nas ruas... o sorriso, os cumprimentos e os carinhos são pequenos gestos da vida que compartilhamos. Santo Alberto Hurtado era um aficionado pelo sorriso, e não era para menos que sua frase mais popular fosse "Contente, Senhor, contente". Não podemos falar de amor e serviço se nossos rostos não comunicarem a alegria e não irradiarem a esperança que abrigamos no coração.

- *Comunicação interna fluida.* A comunicação no voluntariado é importante. A pessoa sente-se valorizada quando lhe comunicam os novos projetos, as mudanças, todas as informações pertinentes à instituição. Além disso, é produtivo nomear os voluntários quando falarmos, nos meios de comunicação, sobre nossos programas. Tudo isso favorece o espírito de pertença da pessoa. Vi muitas pessoas sofrerem por ficarem sabendo das novidades da entidade à qual pertenciam por gente de fora. Elas se sentem desintegradas e desconsideradas. A sustentação do voluntariado requer, sempre, uma boa rede de comunicação interna, antes de mais nada.

- *Escrever sobre a contribuição dos voluntários.* Permitir, por este meio, que eles também possam contribuir com seus testemunhos e sua participação para o crescimento da obra, estimulando-os a redigir um artigo no qual expressem sua experiência na obra.

- *Confiar-lhes novas responsabilidades.* À medida que forem demonstrando disponibilidade e capacidade para assumir mais compromissos, poderão desenvolver novas atividades. É importante estar atento para não cair em um dos dois extremos: pressionar um voluntário para que assuma responsabilidades que não quer ou não possa ter no momento, ou, por outro lado, não lhe permitir oferecer tudo o que possa e queira oferecer, cerceando, assim, suas possibilidades de participação. Em muitas ocasiões descuidamos ou não damos importância suficiente ao acompanhamento pessoal e a pessoa pode frustrar-se por não encontrar seu lugar e espaço. A criatividade e a inovação são essenciais para que cada um vá fazendo seu caminho segundo sua realidade pessoal.

## A valorização da pessoa voluntária

O reconhecimento informal demonstra não apenas a consideração e o apreço pelo trabalho bem feito, mas também a valorização do voluntário como "pessoa". Este tipo de reconhecimento inclui questões como:

- *Mostrar interesse* pelos aspectos pessoais do voluntário. Um dos gestos que melhor resultado deram na Mãos Abertas foram os cartões pessoais para os aniversariantes, e de manifestação de pêsames, nascimentos e casamentos. Toda pessoa gosta de receber esses gestos, que demonstram que ela é valorizada e considerada para além do trabalho que realiza.

- *Estimular a participação* nas decisões que os envolvem. Um dos erros mais comuns é tomar decisões sem levar em conta a pessoa diretamente envolvida no trabalho. Ser voluntário não significa não ter direito de opinar e contribuir com as decisões. É importante consultá-lo, conhecer seu ponto de vista; é uma forma de dizer: "Você é importante e valorizo seu trabalho".

- *Promover e desenvolver o trabalho em equipe* ajuda a diminuir o desgaste por trabalhar sozinho. O trabalho em equipe requer uma preparação adequada para que a pessoa sinta-se apoiada e sustentada na responsabilidade.

- *Permitir ao voluntário incrementar suas habilidades* e obter maior formação e interesse nos problemas que surgem no desenvolvimento de seu trabalho etc. Facilitar-lhe um equipamento adequado para que atue com comodidade é um reconhecimento simples que exerce um grande efeito no voluntário. Demonstrar interesse e apreço deveria ocupar o primeiro lugar na agenda de todo aquele que trabalha, habitualmente, com voluntários. Para fomentar essas atitudes, as organizações podem desenvolver oficinas de relações humanas, habilidades sociais etc.

- *O acesso à formação*, tanto a ministrada pela organização como a externa, é um sistema de reconhecimento eficaz da ação voluntária que supera a mera capacitação ou aquisição de conhecimentos por parte do voluntário.

Finalmente, o reconhecimento diário favorece a criação de um clima adequado de trabalho, reforça o sentido de pertença e promove as relações pessoais. O reconhecimento pode começar desde o primeiro dia: uma carta de boas-vindas, uma acolhida adequada, a apresentação aos diretores e companheiros etc.

## A contenção humana é a sustentação

O trabalho do voluntário quase sempre se desenvolve em âmbitos nos quais os problemas sociais abundam e, em alguns casos, há contato direto com a pobreza extrema, a miséria humana, enfermidades, crimes, fragilidades, e até a morte. Esses problemas são o refugo da sociedade e, como todo material tóxico, contaminam e pesam sobre os voluntários ou trabalhadores sociais que também têm a grande responsabilidade de guardá-los por respeito às pessoas que assistem. Para que os voluntários não se quebrem diante dessa realidade com pesada carga emocional e psicológica, devem ser criados espaços de esvaziamento e recolhimento espiritual e contenção humana que ajudem as pessoas a não se desgastarem no serviço.

Esses espaços de contenção humana podem estar incluídos no trabalho cotidiano. Também podem ser organizados programas fora do trabalho, nos quais se apliquem outras técnicas de contenção, como oficinas, grupos de reflexão, psicodramas, dias de retiro, jornadas etc. Não se deve esquecer que a finalidade dessas atividades é compartilhar um espaço seguro e formativo para aliviar a carga emocional que acompanha nossas obras de ajuda aos demais. Não são simples encontros sociais.

O trabalho em equipe permite-nos crescer como pessoas e sentir-nos acompanhados no compromisso. Ensina-nos a relativizar os problemas que vão surgindo no caminho do serviço. São espaços de oxigenação que atuam como bálsamo no caminho de cada um.

Finalmente, é importante levar em conta que os voluntários apresentam diferentes motivações e interesses; portanto, precisam de diferentes tipos de contenção e apoio humano, psicológico, social e espiritual.

## Os obstáculos à perseverança

Pode haver milhares de razões para que os voluntários abandonem um compromisso assumido. A perseverança é um desafio para muitas organizações de voluntariado. Por que os voluntários não perseveram? Este é um problema que perturba a estabilidade do trabalho e da própria organização. O primeiro ponto que aprendi sobre este assunto é que, quando as pessoas voluntárias sofrem dificuldades pessoais, a primeira dimensão de sua vida que se vê afetada é o voluntariado. Quando surgem problemas familiares, profissionais, quando aparecem doenças ou outros inconvenientes pessoais, o voluntariado passa a um segundo plano.

Além desses conflitos pessoais, surgem situações de deserção que respondem a outra realidade, que pode ser prevenida ou apaziguada com uma boa organização, formação e sustentação dos voluntários. Nessas circunstâncias é preciso questionar e responder a certas suposições.

- Suas motivações iniciais não são satisfeitas pela organização. Embora as motivações possam ser fantasiosas no princípio, à medida que as pessoas crescem e amadurecem no serviço devem evoluir para adquirir motivações mais polidas e realistas. Quando tal processo não é alcançado, os voluntários frustram-se e desertam em pouco tempo.

- A organização não cumpre com sua responsabilidade de organizar e facilitar o desenvolvimento do trabalho voluntário. Certas instituições não definem com clareza o trabalho e as responsabilidades do voluntário. É dever da organização oferecer todas as ferramentas necessárias ao desenvolvimento da missão. Quando isso não for factível, deve-se recorrer à sociedade, que costuma contar com recursos ainda não captados. O voluntário precisa crescer para responder aos compromissos, e a formação contínua ajuda no crescimento pessoal e a enfrentar novos desafios com olhos voltados para o horizonte com fé e alegria, apesar das dificuldades encontradas no caminho.

- Falta de contenção espiritual e humana: uma das causas da ausência de perseverança. A maioria dos que se oferecem para ajudar o próximo manifestam uma tendência religiosa e são pessoas muito sensíveis. Por isso, quando não recebem a contenção afetiva suficiente, se desgastam, e o compromisso decai.

- A aptidão e o interesse da pessoa não coincidem com a atividade que deve realizar ou não existe uma formação contínua que mantenha e permita à pessoa crescer em sua opção solidária. A divisão em áreas de trabalho concede ao voluntário a oportunidade de atuar na área que coincide com sua aptidão e interesse.

- Os serviços prestados já não são necessários e perdem relevância na sociedade. Há serviços que respondem a certas necessidades pontuais e, quando já não são necessários, deve-se recolocar a força do voluntário sem perder seu entusiasmo.

- A falta de credibilidade da organização e de sua direção, que é um aspecto importante na realidade socio-

-política, em que a confiança é cada vez mais escassa. A credibilidade, em todos os sentidos, tanto no aspecto econômico como na política adotada pela instituição, baseada na justiça e caridade, contribui para que os voluntários continuem prestando seu serviço com devoção, sabendo que não estão sendo usados para fins pessoais ou outros interesses.

- Há voluntários que renunciam por razões pessoais. Por exemplo: saúde, trabalho, família, mudança de domicílio etc. Ser voluntário é uma opção e, às vezes, a realidade não nos permite realizar tudo o que queremos ou dedicar a maior parte de nosso tempo. Não obstante, é preciso ressaltar que ser voluntário é uma atitude, um estilo de vida, que deve ser percebido no modo de viver, com os vizinhos, os colegas de trabalho, no coletivo, nos estudos. Assim, mesmo quando não temos uma atividade concreta na agenda, a vida continua a ter como eixo o espírito de serviço e solidariedade. A frustração que se experimenta pela limitação do tempo, dos meios ao alcance dos voluntários e nossa realidade socioeconômica não deve desalentar-nos, mas antes fazer-nos humildes e criativos na busca de uma vida que não é medida pela quantidade e sim pela qualidade e pelo amor colocados em cada pequeno gesto.

## A melhor recompensa vem dos "patrõezinhos"

Os ajudados são os que melhor nos ajudam a suportar nossos próprios limites. Em sua fragilidade há uma força de luta que dá esperança e contagia. Em sua pobreza há uma dignidade que anima, e em seu sofrimento sabem tirar o melhor de cada pessoa.

O contato direto com quem sofre pode significar um duro golpe em nosso orgulho e autossuficiência. Em nossa comunidade religiosa costumamos dizer que eles são nosso "fio terra". Assim, vivendo inseridos no bairro como uma organização a mais, estamos em contato com a realidade diária do povo.

O mais lindo neste contato com as pessoas em situações difíceis é que elas gozam de maior capacidade de gratidão e sensibilidade humana. Creio que por isso Madre Teresa dizia que "os pobres são nossos mestres", e Santo Alberto Hurtado os chamava de "patrõezinhos". Tive algumas experiências muito fortes em meu contato com gente humilde, que não posso esquecer, e quando o egoísmo e a insensibilidade querem apoderar-se de mim apenas paro e penso nelas.

## O carinho que curou a pneumonia

Durante um rigoroso inverno, eu me encontrava em missão em um lugar do interior da província de Córdoba. Havia ido para a novena preparatória da festa patronal do povoado. Estava alojada em uma casa situada ao lado do templo paroquial. Ainda não tinha-me acostumado ao frio e aqueles dias gelados do mês de junho eram muito difíceis para mim. Não sabia como aquecer-me bem (não nos esqueçamos de que nasci no calor).

Assim, acabei gripada e quase tive uma pneumonia. Mas não podia deixar de andar, porque todo o povo esperava a missionária africana. Uma senhora viu-me naquele estado deplorável, trouxe-me luvas de lã e convidou-me para comer em sua casa. Em seguida preparou-me um chá, que, segundo ela, limpa e areja o pulmão, porém eu precisaria tomar três xícaras antes da madrugada. Ela me deu a primeira xícara assim que cheguei para comer e outra às três horas. Após a meia-noite, tive de voltar para a casa fria da igreja. Como não tinha meios de preparar o chá especial, disse a ela que eu teria de curar-me apenas com as duas xícaras que havia tomado.

Quão grande foi a minha emoção quando, às três da madrugada, a senhora dirigiu-se à igreja, que ficava a cinco quarteirões de sua casa, levando a terceira xícara de chá e água quente para minha bolsa. Essa senhora desafiou a noite, o frio e sua própria necessidade de descanso para cuidar de mim. Seu coração de mãe fez-me lembrar do que Jesus anunciou no Evangelho: "Quem é minha mãe, e quem são meus irmãos? [...] Todo aquele que faz a vontade do meu Pai, que está nos céus, esse é meu irmão, minha irmã e minha mãe" (Mt 12,48-50).

Naquela mulher pude reconhecer o amor que supera laços de sangue, fronteiras de nação ou raça. Creio que seu gesto deu-me mais forças para visitar, na manhã seguinte, cada lar, cada escolinha e ranchinho do povoado.

## A dor cria sensibilidade

A outra experiência que quero compartilhar ocorreu na "Casa da Bondade", onde cuidávamos de doentes terminais. Com o crescimento da obra, eu me dedicava, principalmente, à questão organizativa. Costumava ir à Casinha, onde permanecia por pouco tempo. Os voluntários sempre faziam piada de minhas visitas de médico. Uma tarde, cheguei e, como sempre, dei uma volta rápida para cumprimentar os "patrõezinhos". Eles tinham acabado de almoçar. Percebi, imediatamente, que Maria Angélica estava sentindo muita dor, aqueles ataques de dor insuportável perceptíveis em seu rosto. Eu não podia fazer nada. A enfermeira já havia ministrado sua dose de analgésico, de modo que só se podia esperar. Permaneci em silêncio com uma impotência tremenda. Tinha medo de tocá-la e aumentar sua dor. Podia ver a intensidade daquele padecimento em seu rosto tão belo e sofrido. Depois de algum tempo ali parada, em silêncio, ela me estendeu sua mãozinha e disse: "Irmãzinha, sente-se; você deve estar cansada. Comeu alguma coisa? Já passou da hora do almoço". Fiquei tocada por sua delicadeza e sensibilidade, porque, mesmo na sua dor, pensava nos outros. Meus olhos encheram-se de lágrimas, lembrando-me de meus próprios egoísmos.

Os pobres, de diferentes maneiras, ensinam-nos e sustentam-nos em nossa entrega. A Villa El Libertador continua sendo um dos bairros de maior necessidade material, mas também de maior sentido de solidariedade e de uma generosidade excepcional. Sempre há gestos que causam admiração pela grandeza e nobreza do coração do pobre.

Devemos o trabalho de sustentação em nosso serviço a Deus, aos companheiros de caminho, mas, sobretudo, aos pobres, que nos concedem o privilégio de servi-los.

Quantas vezes sentimo-nos como receptores em nosso contato com os pobres e damo-nos conta de que recebemos muito mais do que podemos dar? O serviço é uma bênção de Deus. Devemos agradecer a ele por ter-nos chamado e confiado a nós essa missão.

## Para refletir e compartilhar

- Que é que o fortalece e que é que o enfraquece em seu compromisso voluntário?

- Como é que o voluntariado o ajuda em seu crescimento humano e espiritual?

- Como tem sido seu contato com os mais necessitados? De que maneira eles o tem enriquecido?

- Reflita e compartilhe uma experiência testemunhal na qual o serviço o tenha colocado em contato com sua própria vulnerabilidade.

- Que é que você modificaria em seu trabalho como voluntário?

# Parte III

## Amadurecer no voluntariado

*O fruto do Espírito, porém, é: amor, alegria,
paz, paciência, amabilidade, bondade, lealdade,
mansidão, domínio próprio [...]*
(Gl 5,22-23)

# 6
# Ser voluntário é uma opção de vida

*Somente o bem que ainda está em nós*
*pode ajudar-nos a conseguir o melhor que nos falta.*

Johan Pestalozzi

Antes de refletir sobre a opção de ser voluntário, é preciso identificar, em primeiro lugar, as distintas formas de voluntariado, porque a motivação e decisão dependem do tipo de caminho que se quer empreender.

## Voluntariado em tempo integral (com dedicação exclusiva), de curto prazo

Este tipo de voluntariado atrai muito os jovens. Vários deles, logo que se formam, desejam dedicar um ou dois anos a um serviço gratuito, voluntário e desinteressado a uma comunidade necessitada. Alguns o fazem dentro de sua profissão, outros como uma tarefa simples para solidarizar-se com as necessidades específicas das pessoas. Nesta opção do voluntariado a dedicação é exclusiva e mantém-se segundo um acordo previsto ou um convênio entre a comunidade/instituição e o voluntário.

Este tipo de voluntariado é comum entre institutos seculares e organizações internacionais, em que é preciso mobilizar-se para inserir-se em uma nova realidade. O voluntariado com dedicação exclusiva necessita de uma boa e adequada preparação, e é custoso. A organização deve ser estável, a fim de assegurar a continuidade das obras empreendidas. A grande vantagem é que permite uma maior inserção e dedicação. Nele são vividas experiências fortes, que assentam a base da solidariedade, o serviço e outras opções na vida do voluntário.

Além disso, este estilo de voluntariado constitui uma experiência intercultural para os jovens, já que lhes abre o horizonte para além de seu pequeno mundo. Tal experiência é oferecida por distintas organizações internacionais sem fins lucrativos.

Na Nigéria, existe um programa nacional mediante o qual os jovens, ao completarem os estudos universitários, realizam um serviço nacional obrigatório em uma região do país, preferivelmente pobre, diferente da sua. A ideia desse programa é fortalecer a integração nacional. Também é vivido como uma retribuição à pátria, por ter-lhes proporcionado a possibilidade de estudar.

É bonito ver, a cada ano, milhares de jovens trabalhando, a partir de sua profissão, em regiões necessitadas. Muitos se afeiçoam a essas comunidades e fixam-se ali. Por outro lado, abusa-se muito desse programa, por seu caráter obrigatório, já que há os que não têm a vocação de serviço e apenas aproveitam para viajar e cobrar os subsídios que o Estado lhes proporciona. Por ser obrigatório, perde a essência de seu caráter de "voluntário", porque o ser voluntário é sempre uma opção livre, solidária e de escolha própria. É uma pena que, em vez de ser um programa que promova a solidariedade e integração, se torne outro espaço de corrupção e engano.

## O voluntariado comunitário

Refere-se às pessoas que se comprometem em atividades solidárias e voluntárias dentro da mesma comunidade e instituição às quais pertencem. Este estilo de voluntariado é muito comum em paróquias e instituições religiosas ou centros vicinais, e costuma ser bastante difícil de ser organizado, por ser mais espontâneo e informal. Entretanto estrutura a base da consciência coletiva da sociedade, porque surge do concreto, das necessidades não atendidas e inumanas das pessoas.

A seguir, apresento dois exemplos deste tipo de voluntariado que vivi muito de perto na Nigéria e na Argentina.

## A solidariedade no seio do povo

Nasci em uma família de muitos irmãos. Na África, o número de irmãos não é calculado apenas pela quantidade de filhos e filhas dos pais. O conceito de família é muito mais amplo. Os irmãos incluem os primos, os filhos de vizinhos e, na realidade, todo o povo. Não se usam palavras como tio, primo, sobrinho etc., porque todo o povo se autodefine, em suas relações, como irmãos e irmãs, pais e mães. Todas as mulheres são "mães", os homens são "pais" e todos nós constituímos uma grande família. O mesmo conceito de família pode ser encontrado na Bíblia: os apóstolos João e Tiago foram chamados de irmãos de Jesus, embora não fossem filhos da Virgem Maria.

Em minha família coube-nos cuidar de meus "primos, primas, tios e tias", já que meus pais, tendo tido a possibilidade de estudar, eram profissionais: professor e enfermeira. Por essa razão, o povo (nosso clã) atribuiu-lhes o papel de atender ao resto. De forma natural, todos os problemas dos demais iam parar em nossa casa, fossem de educação, saúde ou de comportamento. Além disso, meus pais, espontaneamente, ajudavam a todos os vizinhos com problemas. Desde a nossa infância ensinaram-nos a acolher a todos e a não discriminar ninguém, mesmo que não pertencessem à família mais direta.

Ao chegar à Villa El Libertador, encontrei-me com um povo com valores semelhantes. Talvez por isso não tenha tido dificuldade de adaptação a esse bairro querido. Em vários bairros de nossas grandes cidades é notável a espontaneidade na prática da solidariedade. Quantos vizinhos, hoje, responsabilizam-se pelos idosos sozinhos e pobres. É admirável a maneira como as mulheres assistem, limpam e integram essas pessoas, oferecendo-lhes amor e carinho.

Cada cultura conserva seu modo de vida, de onde surge o carisma das pessoas, os líderes naturais que respondem às necessidades concretas do povo. A formação vai acontecendo espontaneamente no caminho, sem sistematizar-se. Como diz o ditado popular: "O caminho se faz andando".

Enquanto este estilo de voluntariado tem a grande vantagem de ser concreto, por nascer do próprio povo e ser espontâneo e carismático, é comum que careça de continuidade e, às vezes, sofra de "monopólio de ideias por parte de alguns líderes naturais". Por essa razão, surgem as brigas, as divisões etc.

Às vezes, as carências superam a capacidade de resposta da comunidade. Atualmente, são necessárias organizações que reúnam os recursos principais — humanos, materiais e econômicos — e que se ocupem de capacitar os integrantes da comunidade, para que suas respostas sejam mais efetivas e organizadas.

## Voluntariado institucional

O voluntariado institucional encarrega-se de maximizar a prática da solidariedade, criando uma rede com aquelas pessoas que apresentam a inquietude do serviço. Essas instituições possuem um carisma especial e respondem às necessidades da comunidade à qual desejam servir e ajudar a solucionar os problemas sociais e humanos.

Este estilo de voluntariado, em geral, dispõe de uma organização mínima para o ingresso, a formação e a contenção dos voluntários. Muitas ONGs e associações civis convocam voluntários para realizar suas tarefas solidárias. Os empreendedores sociais formam associações, fundações, cooperativas para atenuar algumas carências da sociedade. Os empreendedores sociais não são muito diferentes dos empresários. Reúnem, basicamente, as mesmas qualidades:

Ser voluntário é uma opção de vida    113

criatividade, perseverança, paixão etc., mas diferencia-os sua preocupação com o impacto social de suas iniciativas. Sobretudo, os empreendedores voluntários são pessoas com ideias muito práticas para resolver problemas concretos de seu entorno. Comprometem-se em atividades solidárias e voluntárias dentro da mesma comunidade e instituições às quais pertencem.

## Quatro elementos-chave do voluntariado institucional

Há elementos que não podem faltar no voluntariado institucional, pois, do contrário, torna-se uma estrutura vazia de sentido na sociedade.

Sua organização conta com a ação voluntária. É o resultado de uma escolha livre. É uma opção ética, pessoal, gratuita, que não espera retribuição nem recompensa. Os quatro componentes indispensáveis são os seguintes:

- *Vontade:* é a capacidade de fazer uma escolha livre para comprometer-se com os demais em uma meta comum. Estrutura-se a partir do *"eu" livre* que se oferece gratuitamente. A vontade move-se pela necessidade de fazer algo segundo o *eu*, a partir dos próprios interesses, para responder a algumas necessidades concretas.

- *Solidariedade:* quer dizer amor ao outro. É o contrário de egoísmo. A ação voluntária só existe quando repercute nos outros, quando seu interesse é coletivo, geral, público. O voluntariado é um meio para dar resposta a necessidades, problemas e interesses sociais, não um fim em si mesmo para satisfazer as pessoas voluntárias. A ação voluntária supõe um compromisso solidário para melhorar a vida coletiva.

- *Ação:* o voluntariado não é somente um valor ético, uma atitude, mas uma prática concreta. O voluntariado faz-se, é ação. Se ficar apenas na boa intenção de uma pessoa, de um bom cidadão, acaba sendo algo vazio e sem sentido. Embora também seja certo que não é possível haver ação sem "alma", sem valores. Não obstante, o que transforma o mundo, o que enfrenta os problemas e necessidades é a ação.

- *Organização:* o voluntariado, por ser algo muito importante, não pode ser considerado uma prática pessoal, individual, testemunhal, íntima, porque seu objetivo é melhorar a realidade, transformar o mundo e fazê-lo eficazmente. Diante da improvisação e da espontaneidade, o voluntariado precisa atuar organizadamente, unindo forças. Portanto a ação voluntária deve ser uma ação organizada, sistemática, sinérgica, que requer organização, associações ou fundações nas quais atuar.

Esses quatro pontos são essenciais para motivar, iniciar e desenvolver um voluntariado. É possível que, no início, não se possa cumprir todos, mas a ideia é ir aperfeiçoando-se no caminho para chegar a um voluntariado duradouro.

## O voluntariado paroquial

Não estamos acostumados a ver nossos compromissos pastorais como um tipo de voluntariado, no entanto eles o são, porque reúnem muitos elementos que respondem a ele: é uma escolha livre, um serviço gratuito, já que na maioria dos casos não há remuneração econômica e tem aspectos solidários e altruístas, embora predomine a motivação religiosa e espiritual nas pessoas que se apresentam para oferecer serviços como agentes pastorais.

O voluntariado paroquial é uma combinação do voluntariado comunitário e do institucional. É comunitário porque está inserido em uma realidade comunitária, seja de bairro ou de um povoado concreto. E é institucional porque a paróquia representa, concretamente, a presença da Igreja universal dentro de uma realidade e cultura concretas, por isso ela deve ser um lugar de encontro, espaço de fraternidade, casa aberta aos pobres, plataforma missionária, onde possamos aprender e viver em liberdade, sendo fermento de nova humanidade.

Para realizar essa missão, os voluntários paroquiais têm três dimensões essenciais.

## Missão voltada para dentro

As tarefas que os voluntários realizam na paróquia comprometem-nos com a vida comunitária dela. A Igreja tem muitas estruturas que asseguram a continuidade desses serviços, como a catequese, a liturgia, os diferentes grupos de oração e outros, que alimentam a vida das pessoas que se incorporam a eles. Entretanto, quando esta missão não é encarada com motivações maduras e equilibradas, o âmbito paroquial pode sofrer por diferentes causas, como rivalidades internas nos grupos — entre eles, o sectarismo, que fragmenta a comunidade —, o esgotamento e sobrecarga de uns poucos que se encarregam de tudo e a falta de integração de novos membros. Assim, a paróquia perde sua relevância e caráter de ser sinal do Reino e fermento para testemunhar a Cristo no mundo, tornando-se uma contradição. Isso traz como resultado um número cada vez menor de pessoas que se aproximam, convertendo a paróquia em um depósito onde as pessoas vão para retirar ou receber os sacramentos sempre que precisam, em vez de ser uma comunidade viva, dinâmica, fraterna e solidária.

## A missão em seu ambiente

Esta dimensão da missão da paróquia manifesta-se por meio de testemunhas e agentes de transformação social. Uma paróquia que não tem um impacto social em seu entorno não é testemunha. Há muitas formas de viver esta dimensão do voluntariado paroquial. Por exemplo, na Cáritas, nas visitas aos enfermos, lares, asilos, cooperativas, centros de assistência e promoção de diferentes setores da sociedade: crianças, mulheres, jovens, idosos e qualquer grupo vulnerável.

A criatividade apostólica permite que cada realidade tenha sua resposta relevante a seu entorno. Também há estruturas tradicionais em cada paróquia que asseguram a continuidade desses serviços. Entretanto, se essas estruturas não forem renovadas, perderão seu sentido e poderão chegar a tornar-se serviços obsoletos que já não respondem a nenhuma necessidade real de seu ambiente. João Paulo II convocou toda a Igreja a uma nova criatividade da caridade no novo milênio. Além disso, quando esses serviços não são oferecidos com espírito de humildade e amor cristão, os necessitados que chegam não se sentem acolhidos pela

Igreja. Vêm somente para retirar as "ajudinhas" e não chegamos a oferecer-lhes elementos necessários para seu crescimento espiritual e humano.

## Missão voltada para fora

A Igreja Católica tem o dever de ter um olhar amplo e um horizonte universal. É triste quando uma paróquia cai na tentação de não olhar para além de seu entorno imediato. Pior ainda quando volta seu olhar somente para dentro. É triste ver comunidades que se preocupam apenas com suas necessidades e, quando já estão satisfeitas, fabricam outras e começam a sofrer de autossuficiência, contrária ao espírito cristão. A missão da Igreja é universal e cada batizado deve ter esse olhar de responsabilidade diante da realidade que golpeia a humanidade sem distinguir nacionalidade ou cultura. Isso não quer dizer que devemos ir todos para o outro lado. Nosso compromisso universal é realizar as opções cotidianas e nosso estilo é ser comunidade.

Podemos, então, destacar que todos os estilos de voluntariado são relevantes enquanto respondem ao sistema operativo na realidade concreta. Além disso, o voluntariado é uma opção livre, gratuita e solidária de cada pessoa, e cada um decide a melhor forma de manifestá-la. Entretanto, para que seja digno de ser chamado de voluntariado, deve ser feito de forma contínua e ter um impacto social, por menor que seja, na comunidade.

Por último, é importante mencionar que as organizações voluntárias têm de colocar a pessoa no centro de sua estrutura. Isso implica que os horários e as tarefas levem em conta a realidade da pessoa. Há ocasiões em que a organização dificulta a opção de voluntários por exigir-lhes horários e tarefas que não estão em condições de realizar. Pode-se ajudar a pessoa a crescer em sua opção de serviço sem que essa opção asfixie outros aspectos de sua vida, seja familiar, seja profissional, seja social.

## Para refletir e compartilhar

- Como você classificaria seu estilo de voluntariado?
- Qual é o perfil do grupo ao qual você pertence e como ele responde a seu carisma pessoal?
- Que continuidade você poderia perceber na forma como seu voluntariado está organizado?

# 7
# Boa vontade não basta
## As organizações da ação voluntária

*A organização é um meio*
*para multiplicar a força individual.*
Peter Drucker

É mais fácil atingir os objetivos buscados quando as pessoas se juntam e se organizam, evitando os problemas grupais que prejudicam o alcance de seus fins.

Uma organização é um conjunto de pessoas unidas por propósitos comuns ou objetivos. Chama-se organização a toda colaboração entre pessoas que articulam atividades orientadas para fins compartilhados e que, individual ou isoladamente, não poderiam alcançar. As organizações

> são um meio para realizar atividades ou projetos
> em maior escala que a individual.
>
> Sara Shaw de Critto, Istvan Karl

As associações de voluntários são denominadas de diferentes formas, de acordo com suas características: fundações, associações civis, sociedades de fomento, cooperativas etc.

## Voluntariado e organização

As organizações de voluntários, geralmente, são criadas por eles e para eles. Por que algumas organizações têm êxito e outras não? Quais são os fatores que levam ao fracasso ou à eficácia? Como maximizar os resultados? Como minimizar as frustrações?

As pessoas voluntárias não atuam por conta própria, de maneira espontânea (a essas chamamos "gente boa", bons cidadãos, pessoas solidárias e responsáveis...), mas de maneira organizada, somando-se a associações ou fundações existentes ou criando outras novas.

Uma organização de ação voluntária, como seu nome indica, é uma organização sem fins lucrativos, mais ou menos formalizada e estável, cujo objetivo é melhorar a sociedade nos mais diversos campos, e cujo trabalho desenvolve-se (total ou parcialmente) mediante a ação voluntária de seus membros.

O voluntariado e as organizações de ação voluntária são parte da iniciativa social, dos movimentos sociais, do terceiro setor, diferenciando-se claramente da ação dos governos ou das empresas privadas. Não obstante, existem administrações públicas que impulsionam projetos de voluntariado vinculados a suas respectivas políticas sociais, culturais etc. Não devem ser os governos, mas os cidadãos, a protagonizar e articular a ação voluntária. Para isso existem (ou, se não existirem, podem ser promovidas) as ONGs, de caráter independente e não governamental. As administrações públicas devem e podem negociar ou estabelecer com elas projetos de cooperação conjunta. De outra forma, aumentam os perigos de manipulação ou utilização interessada do voluntariado para objetivos político-partidários ou de caráter privado.

## O sentido de participação e pertença à organização

### Os empreendedores sociais

"Os governos necessitam das ideias dos empreendedores sociais para resolver problemas públicos", disse David Bornstein, jornalista e escritor canadense que dedicou cinco anos ao conhecimento de empreendedores sociais, pessoas que conseguiram importantes mudanças sociais em seu ambiente, com muita criatividade e perseverança.

Participação significa tomar parte, integrar um grupo etc. O sentido de pertença cresce na medida em que cresce a participação do indivíduo. Quanto maior for a participação, maior será o compromisso do voluntário. Assim, as pessoas não são apenas colaboradoras, mas parte do projeto que pertence a todos. Cada empreendedor social tem, em primeiro lugar, a missão de envolver outras pessoas voluntárias no projeto, para compartilharem juntos o ideal que gerou o programa.

*A participação facilita:*

- Uma maior cooperação e responsabilidade.
- O seguimento e a formação de novos dirigentes.
- A comunicação para conhecer as inquietudes e sugestões de todos.
- O aumento da identificação e o sentido de pertença à organização.
- O respeito e a valorização das contribuições, sugestões e iniciativas dos membros. Quando essas coisas aumentam, a organização enriquece-se. Todos se esmeram para trazer mais contribuições e há menos indiferenças e apatia.

- A eliminação da marginalização e das exclusões.

Os agrupamentos ganham força quanto mais seus membros participam.

A participação abarca quatro etapas importantes. Os voluntários estarão mais motivados nas atividades se tiverem a possibilidade de participar na tomada de decisões durante todas as etapas.

## As quatro etapas da participação

### *A geração de ideias*

É o nível inicial de cada projeto, é o berço da atividade que comprometerá muitas pessoas mais à frente. Em geral, a participação neste nível deve ser reduzida para facilitar a tomada de decisões. Entretanto, o voluntariado tem a missão de ajudar os cidadãos a serem geradores de ideias para melhorar a vida e combater a pobreza. O voluntariado cria a sensibilidade necessária para que as pessoas sejam capazes de responder à miséria humana com criatividade e responsabilidade. Este nível de geração de ideias, em algumas ocasiões, pode ser fruto de um longo caminho comunitário, no qual os integrantes sentem a necessidade de prestar um serviço ou buscar um espaço para responder a uma determinada necessidade.

Por exemplo: o Centro Comunitário "A Colmeia", da Paróquia Nossa Senhora do Trabalho, surgiu de um caminho das comunidades eclesiais de base, que quiseram responder à necessidade de formação, contenção e integração das pessoas do bairro. Esse tipo de geração de projetos é enriquecedor porque é participativo, comunitário e envolve a comunidade beneficiada.

## Elaboração do projeto

Depois de gerar as ideias, o próximo nível de participação é elaborar um projeto realista unificando os meios e recursos disponíveis. É um nível de participação um pouco mais amplo, mas que requer capacitação e conhecimento da realidade. Os voluntários, de acordo com cada organização, podem contribuir imensamente neste nível, e é saudável que haja espaços na organização em que se permita a participação das pessoas para elaborar projetos que respondam ao espírito da organização à qual pertencem.

## Implementação

A implementação planejada e organizada permite a participação de muitas pessoas, que contribuem com um pouco do que têm sem comprometerem-se com o todo. A participação neste nível é a porta da solidariedade de vários cidadãos que buscam caminhos para "fazer algo dentro de minha realidade para atenuar o sofrimento de meus irmãos". Um grande número de organizações busca voluntários neste nível de participação para implementar os projetos já montados.

Para facilitar a participação neste nível é preciso levar em conta o seguinte:

- Comunicar a ideia de uma maneira convincente e realista. O projeto deve exercer um impacto social que ajude a resolver algum problema concreto da sociedade e que provoque nela, nas pessoas, um estímulo para responder a um novo desafio.

- Ter uma organização que permita às pessoas inserirem-se no projeto com suas diferentes possibilidades. A diversidade de tarefas é muito importante, porque ajuda cada voluntário a assumir o que pode, sem sentir-se pressionado ou depreciado pelo "pouco ou muito" que oferece.

- Frequentemente, os voluntários aproximam-se, da primeira vez, com a necessidade de sentirem-se "úteis" na sociedade. Então, é importante receber sua doação de tempo ou bens materiais com respeito e apreço.

- Dar valor humano à participação do voluntário. Fazê-lo sentir-se parte integral do projeto, mesmo que sua contribuição seja somente no nível da implementação.

## Avaliação do projeto

A participação neste nível pode ampliar-se para além dos voluntários que intervêm diretamente no projeto. Há três níveis de avaliação que contribuem para a participação de todos:

- *O público em geral*: se a instituição existe para o bem da sociedade, podem ser buscados diferentes meios para que a sociedade, em geral, participe através de pesquisas e consultas sobre as atividades e serviços oferecidos pela instituição.

- *Aqueles que colaboram diretamente na obra*: participam nas avaliações periódicas que ajudam a rever o projeto, com o objetivo de melhorar e atualizar os serviços oferecidos.

- *Os beneficiados da obra*: nesta etapa também é importante a participação dos beneficiários do projeto. Eles constituem um ponto chave de referência, e suas opiniões podem facilitar a melhoria do serviço.

## Desvantagens da participação

- Pode produzir demoras no início, já que é necessária a sintonia da maioria do grupo quanto aos critérios a serem adotados. Porém, transcorrida a primeira etapa, produz-se uma riqueza imensa: as contribuições de cada um dão um toque de originalidade à organização.

- São necessárias pautas claras para organizar o trabalho. Isso evitará a superposição de tarefas, além de evitar que "todos se responsabilizem por tudo" e não se responda a nenhuma estrutura ou às pautas da direção, originando uma "Torre de Babel".

## Para refletir e compartilhar

- Quais são os indicadores que mostram a eficácia da organização no voluntariado de que você participa?

- Quais são as forças e fraquezas de sua organização?

- Há uma participação ampla na obra? Em que níveis participam mais pessoas e como se pode melhorar a participação?

# 8
# O Espírito que anima
## O voluntariado cristão

*Glória a Deus no mais alto dos céus, e na terra,*
*paz aos que são do seu agrado!*
Lc 2,14

Quase me atrevo a dizer que o ser cristão atinge sua plenitude mais bela quando se faz voluntário. Contemplar a saudação dos anjos no nascimento de Cristo — "Glória a Deus no mais alto dos céus, e na terra, paz aos que são do seu agrado!" (Lc 2,14) —, que empregamos, frequentemente, no Natal, causa-me muita alegria todos os anos, porque dou-me conta de que Jesus nasce todos os dias por meio de cada gesto de homens e mulheres de boa vontade.

Os anjos colocaram a vontade de cada pessoa no centro da mensagem de Cristo. A missão de Cristo foi educar essa vontade para o bem. Assim, somos construtores e cocriadores com Deus na história e salvação da humanidade.

É cômodo conceber um Deus que nos dá tudo pronto, mas creio que é mais bonito e digno pensar em um Deus que nos convida a colaborar com ele a partir de nossa livre vontade como pessoas. Desde a história de Noé até nossos dias, Deus salva a humanidade usando os mesmos meios das pessoas disponíveis e prontas para ouvir e obedecer a sua voz. Para culminar essa salvação, fez-se um de nós em Jesus Cristo.

Nosso envolvimento na salvação do mundo não significa que Deus seja fraco ou que não possa lidar com o caos humano. Ao contrário, creio que é sinal de sua confiança em nós e de que nos considera.

Segundo Padre Rafael Velasco, sj, da Universidade Católica de Córdoba, é preciso distinguir entre a espiritualidade e a religiosidade do voluntário, já que, com frequência, os dois conceitos caminham juntos. Velasco define a espiritualidade do voluntário como tudo aquilo que motiva, sustenta e anima o compromisso voluntário e dá-lhe um novo sentido.

Dedicamos um capítulo deste livro às distintas motivações, que são os desejos que nos incitam ao compromisso, e outro capítulo à sustentação, que são os elementos que proporcionam constância e consistência às ações, dando-nos ânimo para superar as dificuldades e gerando, assim, a força para continuar caminhando.

Neste capítulo tentaremos refletir sobre o espírito que confere não somente valor, mas também o horizonte que transcende nossas obras.

A espiritualidade do voluntário pode ser comparada às brasas, que, mesmo não parecendo, fornecem calor e "cozinham a carne". Bem poucas pessoas têm uma espiritualidade clara quando empreendem o caminho do voluntariado. Para muitos, esse caminho significa uma busca e uma conversão contínuas. No caminho, vai-se desenvolvendo um estilo de vida motivado, sustentado e animado pelo próprio Espírito de Deus para realizar boas obras.

A fim de completar esta reflexão, farei referência aos caminhos de Jesus com seus discípulos, quando lhes ia ensinando a ser homens e mulheres de boa vontade. Selecionamos alguns fatos do caminho de Jesus que nos ajudarão a desenvolver uma espiritualidade saudável e equilibrada em nosso voluntariado, que vai mais além de uma simples prática religiosa.

## Os primeiros serão os últimos

A entrega voluntária, no sentido cristão, imagina um Reino de Deus que se contrapõe ao poder e ao ter como critérios de valor humano. Jesus, no Evangelho, coloca em primeiro lugar as crianças e os "pequeninos" — pequenos no sentido de pobreza, fragilidade, enfermidade, marginalidade e pecados, aqueles que o mundo não considera. Ninguém pertence ou entra neste Reino por vontade própria: deve possuir um dom. E a pessoa que tem capacidade ou riqueza coloca-a a serviço da construção desse Reino, e coloca os pequeninos em primeiro lugar.

Jesus não negou o Reino ao rico, mas disse-lhe que, "quem quiser ser o primeiro entre vós, seja vosso escravo. Pois o Filho do Homem não veio para ser servido, mas para servir e dar a vida em resgate por muitos" (Mt 20,27-28).

Como é difícil, em nosso mundo, rebaixar-se para ser servo, quando isto é vergonhoso e sinal de que a pessoa é uma perdedora e fracassada na vida! Porque o mundo deleita-se no êxito do poder, das influências sociais, econômicas, políticas etc.

Em uma reflexão pascal, Padre Ángel Rossi expressou que o monumento mais admirável da Paixão de Cristo poderia ser o ícone da bacia de água suja e da toalha cingida na cintura de Jesus, quando lavou os pés de seus discípulos e disse-lhes: "[...] Entendeis o que eu vos fiz? Vós me chamais de Mestre e Senhor; e dizeis bem, porque sou. Se eu, o Senhor e Mestre, vos lavei os pés, também vós deveis lavar os pés uns aos outros" (Jo 13,12-14).

Padre Rossi acrescentou que oxalá pudéssemos lavar os pés sem discriminar os rostos, porque, às vezes, não nos animamos a lavar os pés de pessoas que nos feriram ou prejudicaram, e Jesus lavou os pés de Judas, mesmo sabendo que ele iria traí-lo!

Creio que a luta para ser o primeiro, por poder, por controlar as coisas e as pessoas, é a grande fonte de conflito em muitos grupos humanos, até nas organizações de voluntários. Porque, embora às vezes não percebamos, a ânsia por ser a pessoa mais importante ou mais relevante é uma tentação que precisa ser descartada sempre. Oxalá deixemo-nos penetrar pelo Espírito evangélico do servo e aceitemos com alegria estar entre os últimos!

Há uma oração de São José que me agrada muito e que me serve quando a tentação de ser a primeira quer apoderar-se de mim:

> Ensina-nos, José:
> como ser "não protagonista".
> Como avançar sem pisotear,
> como colaborar sem impor-se,
> como amar sem reclamar.
>
> Diga-nos, José:
> como viver sendo o número dois,
> como fazer coisas fenomenais
> a partir do segundo posto.

> Explica-nos, José:
> como ser grande sem exibir-se,
> como lutar sem aplauso,
> como avançar sem publicidade,
> como perseverar e morrer
> sem esperar uma homenagem.

São José é modelo dos voluntários por sua humildade para realizar uma grande missão a partir de seu lugar como pai adotivo de Jesus e esposo da Virgem.

## Entregar tudo

Para mim, a mensagem mais forte do milagre da multiplicação dos pães foi a capacidade do menino que entregou seus cinco pães e dois peixes (cf. Jo 6,9). O lógico, para nós, teria sido guardar um pouco para comer tranquilo e entregar o que sobrasse para que outros se arranjassem como pudessem. Imagino que esse menino também tivesse fome, de modo que um pouco de reserva seria compreensível, pois, afinal de contas, ele havia trazido sua provisão de comida.

Esse menino é um exemplo de entrega total e de plena confiança em Jesus. Alguns estudiosos sustentam que o milagre daquele dia consistiu no fato de que outras pessoas que tinham comida guardada para comer sozinhas começaram a pegá-la, seguindo o exemplo do menino.

Foi assim que Jesus multiplicou os pães, curou-os de seu egoísmo, da falta de confiança e mesquinhez, levando-os à entrega total.

Outra imagem dessa entrega é a oferta da viúva (cf. Lc 21,1-4). Jesus elogiou a pobre mulher que "da sua pobreza ofereceu tudo o que tinha para viver". O importante, aqui, não é o quanto ela doou, mas sua "totalidade e radicalidade". É fácil confundirmo-nos e medirmos a quantidade de horas, dinheiro ou capacidade de entrega de cada voluntário. Essa é uma armadilha bastante comum. Entretanto somente uma coisa é importante: a medida de amor dispensado e a totalidade dessa entrega. Então, a questão-chave é o que tenho guardado, "por via das dúvidas", como costumamos dizer. Deus pede-nos cem por cento de cada um, que é diferente conforme a vida que temos. Uma mãe de uma grande família não tem a mesma disponibilidade de horas de um jovem solteiro ou de uma pessoa mais velha. Cada um dá a partir de sua realidade, sem diminuir a importância da missão de construir uma família, do compromisso de trabalho ou do estudo. Cada um deve sentir-se tranquilo por entregar tudo o que tem, sem cair na armadilha de lamentar ser pouco ou invejar outros que pareçam dar mais, tampouco envaidecer-se pelo muito que entregou.

Ser previdente, às vezes, joga-nos contra o Espírito evangélico, porque também demonstra falta de confiança. Sinto-me interpelada pela frase de Padre Hurtado: "Jamais teremos dado a Deus o suficiente enquanto não tivermos dado tudo".

Em minha experiência de trabalho voluntário vejo um frescor de entrega nos pobres, nas crianças e, algumas vezes, nos jovens, e isso me interroga e me serve de exemplo. Neles vejo o frescor e a radicalidade que nós, "adultos", perdemos e temos de resgatar para o serviço.

## A esperança do semeador

A parábola do semeador levou a diversas interpretações e reflexões. Aqui, quero resgatar, para o voluntário, a generosidade do semeador, que lança suas sementes sem distinguir o terreno, seja ele fértil, pedregoso, à beira do caminho ou entre espinhos (cf. Mt 13,4-9). Em muitas ocasiões, julgamos com critérios pouco caritativos a realidade do pobre. Discriminamos entre a quem ajudar e a quem não, onde semearemos etc. Lembro-me de minha guia espiritual, que me dizia: "É melhor pecar por generosidade que por mesquinhez".

É útil fazer um bom discernimento, porém devemos usar o critério evangélico, antepondo o amor sobre todas as coisas e sabendo que o trigo e o joio crescem juntos.

Essa parábola também fala da necessidade de paciência, porque as sementes crescem lenta e gradualmente. O trabalho do voluntário é um semear de pequenas sementes de amor. No fim, porém, é Deus quem faz crescer as sementes: nós somos simples instrumentos.

## A confiança na Providência

A atividade e os afazeres podem levar-nos a perder a confiança na Providência. Sem que o percebamos, queremos ocupar o lugar de Deus na vida dos outros e atribuímo-nos o poder de proporcionar tudo aquilo de que necessitam.

A experiência que tive com o primeiro doente na Casa da Bondade ajudou-me a crescer na confiança em Deus: quando Juan Carlos faleceu, sofri por não ter podido dar-lhe o suficiente, e quase assumi a culpa por sua morte. Senti a mesma sensação em algumas situações do bairro, onde o melhor de minha pobre entrega não era suficiente para eliminar a dor e o sofrimento do outro. Por meio da oração e de conversas compartilhadas, aprendi a entregar meu pouco, com fé na Providência de Deus, que muito faz com minha pobreza.

Podemos cair na armadilha de experimentar uma impotência paralisante e que nos impede de continuar contribuindo e nos entregando a partir de nossa pobreza. Podemos cair na tentação de sentir-nos frustrados por não estarmos conseguindo nada, e, no fim, lavar nossas mãos.

As pessoas que mais admiro neste mundo são aquelas que continuam semeando mesmo quando, aparentemente, não estão alcançando grandes mudanças. Não se rendem aos problemas de todos os dias e demonstram uma grande fé e confiança na Providência de Deus. Exemplos disso são os missionários e as missionárias que trabalham em situações-limite e não esmorecem, não deixam de semear nem de esperar.

Cada voluntário, em algum ponto de seu caminho, enfrenta essa grande dúvida sobre o valor de seu serviço. Às vezes, sente que não vale a pena continuar, porque pensa que "não se consegue nada", não se melhora a situação, e a desesperança o invade. É uma experiência de peregrino, que pode ser sinal da desolação comum do caminhante. É preciso buscar o consolo da oração e o apoio de outras pessoas para fixar o olhar em Deus, de quem tudo provém.

## A criatividade que não se rende

A cura do paralítico, no evangelho de Marcos (cf. 2,1-12), demonstra a capacidade de criatividade que podem alcançar as pessoas que se dedicam a ajudar de verdade. É admirável como esses quatro voluntários não se renderam diante da multidão e levaram o doente até Jesus. Não puderam entrar na casa pela porta, mas dispuseram-se a tirar as telhas e baixar o doente. Para dar-se a tanto trabalho é preciso confiar muito na pessoa de Jesus. Creio que, no lugar deles, a maioria de nós, dando-se por vencida, diria que não era possível e, lamentando, abandonaria o doente na sua miséria. A verdade é que a fé desses voluntários impressionou Jesus, que disse ao paralítico: "Filho, os teus pecados são perdoados" (Mc 2,5). Para esses voluntários, Cristo era o centro. Talvez devêssemos tomar esses quatro homens como modelo de voluntariado cristão. Além disso, chama a atenção que tenham ficado no anonimato. O evangelista não se preocupou com seus nomes. Seu ato foi o que marcou a história.

Essas virtudes — criatividade, lançar-se com tudo sem chamar a atenção, colocando Cristo no centro de nossas obras — são modelos que devemos observar, pedindo a Deus, em oração, que nos conceda tais graças para nossa entrega como voluntários.

## A tensão entre a oração, a ação e a vida cotidiana

A força e a autoridade na missão de Cristo deviam-se ao fato de que, para ele, não havia tensão entre a oração, a ação e a vida cotidiana. Movia-se com muita naturalidade de uma coisa a outra. Um dos maiores desafios para nós é alcançar este equilíbrio. Jesus participava na sinagoga (cf. Lc 4,16). Todas as manhãs, destinava um tempo para orar sozinho (cf. Mc 1,35; Lc 4,42). E ainda se dedicava a ensinar com autoridade, a curar e a conversar com as pessoas. São coisas difíceis de serem feitas no caminho do dia a dia. No entanto não se pode chegar a uma espiritualidade sem buscar tal equilíbrio.

João Paulo II afirmava que a

> contemplação do rosto do Senhor suscita nos discípulos a "contemplação" também dos rostos dos homens e das mulheres de hoje: de fato, o Senhor identifica-se "com os seus irmãos mais pequeninos" (Mt 25,40.45). A contemplação de Jesus, "o primeiro e o maior evangelizador" *(Evangelii Nuntiandi,* n. 7), transforma-nos em evangelizadores. Faz com que tomemos consciência da sua vontade de dar a vida eterna àqueles que o Pai lhe confiou (Jo 17,2).[1]

Como destinar tempo à oração em nosso esquema cotidiano tão apertado? Nós, consagrados e consagradas, gozamos de um privilégio especial, já que o tempo de oração está incorporado em nossa programação diária. Entretanto

---

[1] Mensagem da Jornada Mundial pelas Missões, 2001.

é preciso tomar cuidado para não cair na rotina e transformar o espaço de oração em uma obrigação pesada que lhe tire o sentido de oásis em nossa vida.

Segundo minha experiência no bairro, o espaço de oração nutre todas as atividades do dia. Compartilhar a Palavra de Deus com as pessoas foi uma fonte muito importante de nosso trabalho. A Palavra de Deus é viva. É impressionante ver como as pessoas simples chegam a apreciar e aprofundar seu caminho e, com muita lucidez, entram no mistério de Deus e sua ação na realidade de hoje. É uma atividade que, pessoalmente, me enche de alegria e me faz compreender o que aconteceu a Jesus no Evangelho: "[...] ele exultou no Espírito Santo e disse: 'Eu te louvo, Pai, Senhor do céu e da terra, porque escondeste essas coisas aos sábios e entendidos e as revelaste aos pequeninos [...]'" (Lc 10,21).

Algumas pautas que podem ajudar-nos a manter esse equilíbrio são:

- um horário fixo para a oração pessoal (cada pessoa organiza com flexibilidade seu horário e a quantidade de tempo dedicado à oração). Quando não nos impomos essa disciplina, corremos o risco de relegar o espaço de oração para quando nos sobra tempo e, assim, ela deixa de ter primazia em nossa jornada e podemos perder o gosto de rezar com facilidade.

Embora a oração em grupo ou comunitária seja uma grande experiência, creio que a oração individual é muito fecunda, porque Deus quer que reservemos um espaço no segredo de nosso coração para estarmos a sós com ele, sem disfarces e, às vezes, sem palavras;

- um grupo de oração oferece-nos um espaço de contenção espiritual e é um grande auxílio para nossa alimentação. Alguns grupos surgem espontaneamente, outros precisam que os organizemos conscientemente, convocando os interessados a compartilhar o caminho desejado;

- a leitura espiritual, as conversas, o áudio etc. são meios que enriquecem nossa vida cristã;

- as jornadas e os retiros também são instrumentos que facilitam o recolhimento, a fim de determo-nos no frenesi da vida.

Se não perseverarmos em um caminho espiritual, é provável que o cansaço se apodere de nós e, mesmo sendo voluntários, tornemo-nos pessoas áridas, agressivas, incapazes de sorrir, de saudar, de dizer "obrigado", de interessar-nos pelos problemas dos outros. Por uma complexa série de fatores econômicos, sociais e culturais, as sociedades mais desenvolvidas experimentam uma "esterilidade" inquietante, que é também espiritual e cultural. A espiritualidade do voluntário constitui um apoio para mantermo-nos sensíveis e não perdermos esses pequenos grandes gestos que tornam a vida mais humana e fraterna.

A espiritualidade é um caminho que nos ajuda a tomar consciência da necessidade de unificar o coração, de dialogar com nós mesmos e com os que partilham de nossa vida (família, filhos, colegas etc.).

Às vezes, enchemo-nos de coisas como um modo de fugir de nosso castelo interior e, assim, tornamo-nos cada vez mais fragmentados. Oxalá nossa entrega faça-nos "homens e mulheres inteiros".

## A espiritualidade de hospedeiro

Agradou-me muito a imagem que Padre Rafael Velasco apresentou-nos em sua meditação sobre o bom samaritano e a missão de ser voluntário. "Ser hospedeiro dos demais significa ser lugar de acolhida, de descanso, de refúgio, mas no caminho, para que as pessoas sigam seu caminho." Creio que um dos propósitos mais difíceis de assumir-se é "ser lugar de passagem", onde as feridas das pessoas que atendemos sejam curadas, sua força seja restabelecida e elas possam, a partir de nós, retomar seu caminho. Esse propósito evita que sejamos o "ponto de chegada" e incorramos no que Rafael Velasco chama de "possessividade afetiva", que é contraproducente para aqueles que servimos, porque a dignidade de cada pessoa, por mais pobre que seja, repousa em sua autonomia e possibilidade de cuidar de si mesma. Tanto quanto possível, temos de dar-lhes asas para que possam voltar a voar alto.

Nós, que estamos envolvidos no serviço com grupos humanos mais vulneráveis, sabemos como é fácil afeiçoarmo-nos a essas crianças, a esses doentes, idosos e pobres que nos roubam o coração com seu frescor e simplicidade. É quase impossível não nos sentirmos afetivamente envolvidos. O despojamento afetivo é um exercício contínuo para a pessoa que optou por oferecer a si mesma na arte de levantar os demais.

Os voluntários que trabalham na Hospedaria Padre Alberto Hurtado, em Córdoba, sabem o que significa ser um verdadeiro hospedeiro. Essa obra tem a missão de alojar e acompanhar seres humanos que dormem nas ruas e reinseri-los em seu ambiente social, familiar e profissional. Ali, experimenta-se como acolher os que estão caídos na beira do caminho, socorrê-los e levantá-los, oferecendo-lhes refúgio, carinho, descanso e tudo aquilo que os ajuda a retomar o voo...

Seguindo a reflexão de Velasco, é bonito reconhecer que Deus é nosso Bom Samaritano, porque o voluntário também se abate e precisa ser levantado. Deus levanta-nos usando como instrumentos outras pessoas que nos servem de "hospedeiras". Essa experiência de vulnerabilidade e de sermos levantados permite-nos compreender a fragilidade dos outros e servir a eles com humildade, não como super-heróis.

## A gratuidade como uma aceitação do "grande dom"

Uma das características mais notórias do voluntariado é a gratuidade. Quase não há uma definição do conceito ou do ser voluntário que não tenha a conotação de desinteresse ou gratuidade. Ser voluntário cristão é viver a gratuidade não somente no sentido material ou salarial. Na realidade, uma pessoa remunerada pode ter o dom da gratuidade, porque é uma questão de coração, uma experiência profundamente espiritual.

Quero compartilhar três normas que marcaram minha experiência de gratuidade.

- *Dar como resposta de gratidão a Deus.* O mistério da vida é um grande dom de Deus. Muitos voluntários contam que realizam obras solidárias como um agradecimento a Deus por tudo o que receberam. À medida que nos aproximamos de outras realidades, tomamos maior consciência do quanto nos foi dado. É gratificante, então, poder dar algo a Deus e à sociedade que nos sustenta. Para muitos, ressoa a voz do Evangelho: *dar gratuitamente o que de graça recebeu*. Um coração que experimenta a gratuidade gera alegria, paz e generosidade e opõe-se a amarguras e ódios, males que dominam o mundo.

- *Dar com profundidade, mesmo que doa.* A gratuidade da ação voluntária facilita a possibilidade de dar com profundidade e entrega total. Há ações que só são realizadas a partir do amor. Não dependem de remuneração ou recompensa nenhuma. A gratuidade dos voluntários, que surge do coração, libera-os para entregarem-se sem medida.

- *Dar aos que não podem devolver.* O dar sem esperar recompensa tem um sentido ainda mais profundo quando se dá a alguém que sabemos que não tem os meios materiais para devolver o recebido. Lembro-me de um moribundo na Casa da Bondade cujo tratamento especial gerava um gasto elevado. Um dia ele perguntou quem pagava por seus remédios e disseram-lhe que pessoas voluntárias e doadores encarregavam-se disso. A resposta fê-lo chorar de agradecimento. Ele disse que não tinha como devolver, mas que, na sua dor, rogava a Deus bendissesse a essas pessoas tão generosas e maravilhosas que cuidavam dele com tanto amor e carinho. Nunca me esquecerei do rosto desse homem cheio de paz, que na sua dor irradiava felicidade por ter conhecido a capacidade de amor de seres humanos que, até então, lhe eram desconhecidos. Dar a alguém em situações extremas unifica a humanidade e reconforta a alma. Da mesma forma, os voluntários devem dar amor a pessoas que, talvez, não o agradem, por isso a gratuidade é uma verdadeira escola de amor.

A gratuidade ajuda-nos a fazer a opção pelos últimos, por aqueles de quem o mundo se esqueceu, e, frequentemente, o que lhes oferecemos não é caridade, mas justiça, como disse Santo Alberto Hurtado. Devolvemos a eles um pouco do que lhes foi tirado.

## O amor que faz brotar a alegria

Uma coisa bonita nos apaixonados é a felicidade que transmitem. Todos os seus sentidos comunicam seu amor e a alegria que brota dele. É quase impossível ser voluntário sem estar apaixonado por algo: por Deus, pelo Reino, pela justiça, pela igualdade. O voluntariado é uma resposta dos apaixonados, dos sensíveis e dos ativos na expressão desse amor.

Creio que o verdadeiro amor vem vestido de alegria. Mesmo quando sofre, seu coração regozija, porque se dá, se entrega e busca o bem do outro.

Madre Teresa confirma-nos essa realidade:

> Quando falo de alegria, não me refiro a risos sonoros nem a gritaria. Não consiste nisso a autêntica felicidade. Antes, essas atitudes, às vezes, podem ocultar outras coisas. Quando falo de felicidade, refiro-me a uma paz íntima e profunda que se reflete nos olhos, nas atitudes, nos gestos, nas demonstrações de disponibilidade e prontidão...

Sem dúvida, a alegria que o serviço nos proporciona é imensa. Entretanto costuma ser difícil rirmo-nos do que nos acontece, de nós mesmos, sobretudo quando o coração sofre. A mim surte grande efeito o exercício de rir de mim mesma e de minha simplicidade. Por exemplo: no processo de aprender um novo idioma, eu ria para não me sentir mal quando não conseguia expressar-me corretamente.

Finalmente, a grandeza da pessoa não vem somente das grandes realizações, mas também de sua capacidade de sofrer e enfrentar dificuldades sem perder sua capacidade de sonhar e de ser alegre.

Padre José Kentenich, fundador do movimento de Schoenstatt, durante sua estadia em um campo de concentração, escreveu versos lindos sobre a alegria:

> Conheces aquela terra transida de alegria
> porque nela o sol nunca tem ocaso:
> onde os corações vivem no repouso
> porque possuem os bens eternos?
> Onde os abundantes dons de Deus
> reconfortam o coração e a vontade?
> Onde o amor, como uma varinha mágica,
> transforma com prontidão a tristeza em alegria?

Deus quer que do coração de cada voluntário e cada voluntária emane a alegria que procede do amor e do serviço.

O voluntariado, vivido a partir do olhar cristão, deixa de ser uma simples tarefa, um simples trabalho, para tornar-se uma missão universal e integral de toda a Igreja. Cada voluntário pode sentir-se um enviado para levar ao mundo cansado e dolorido um pouco de consolo, de alívio e de alegria.

## Para refletir e compartilhar

- Como se manifesta a tensão entre suas vidas cotidiana e de oração?
- Quais são as experiências que o sustentam em seu caminho de voluntário?

- Quais são as realidades que geram fragmentação em seu ser voluntário? Que meios você tem para revertê-las?

- Quais são os passos que você deve dar para amadurecer seu ser pessoa?

- Que sinais de "possessividade afetiva" manifestam-se em sua equipe de trabalho?

# 9
# Voluntário com horizonte

*Pensar universalmente, agir localmente.*

Anônimo

Minha vocação missionária convida-me a ter um horizonte amplo. Isso é um privilégio e, ao mesmo tempo, um compromisso, porque o abrir-se implica um desafio diante do mundo, onde as diferentes culturas relativizam os valores e a globalização esmaga com seu poder e impõe uma uniformidade arrogante. Essa perspectiva ajuda a encontrar o sentido mais profundo das coisas e a enriquecer nossa visão do mundo.

Nós, irmãs missionárias Nossa Senhora dos Apóstolos, fomos convidadas a ir à Argentina, principalmente, para a animação missionária, tentando despertar a visão autêntica e universal de Deus, da Igreja e da humanidade. O eterno risco é cair nos dois extremos: fecho-me em minha realidade ou nego totalmente minha identidade para assumir a de outros.

Gandhi, o líder hindu, propôs-nos uma reflexão que mostra o equilíbrio e a abertura universal que não tiram a identidade própria:

> Não quero fechar os quatro cantos de minha casa, nem colocar paredes em minhas janelas. Quero que o espírito de todas as culturas alente em minha casa com toda a liberdade possível. Porém nego-me a que alguém me sopre os peões. Gostaria de ver nossos jovens que têm gosto pela literatura aprender a fundo o inglês e qualquer outra língua. Mas não gostaria que um só índio se esquecesse ou descuidasse de sua língua materna, que se envergonhasse dela ou que a considerasse imprópria para a expressão de seu pensamento e de suas reflexões mais profundas. Minha religião proíbe-me de fazer de minha casa uma prisão.

É um desafio abrir-se e aprender com o diferente mantendo-se fiel ao que é próprio e sem menosprezar o outro. Certamente, Gandhi falava outras línguas e não temia enfrentar outra cultura e idiossincrasia, mas era autenticamente índio em seu ser e pôde enriquecer o mundo a partir dessa autenticidade e abertura. Abrir-se aos outros é deixar-se interpelar por suas alegrias, anseios e tristezas.

O voluntariado é uma escola de sensibilização sociocultural. O contato constante com a riqueza e a pobreza da sociedade permite desenvolver a faculdade de avaliar e discernir seus valores e antivalores.

A preparação do voluntário oferece-lhe a possibilidade de responder, de forma concreta, às situações de seu entorno e concede-lhe certa sensibilidade diante da humanidade.

O primeiro passo para a abertura ampla e universal é a apreciação do que é próprio. Se não nos deixarmos tocar pelo que nos rodeia, não poderemos ser solidários com nada nem com ninguém, muito menos iremos nos abrir ao diferente.

Os primeiros passos costumam originar-se em realidades que nos envolvem de forma direta, talvez no ambiente familiar. Por exemplo: o abandono dos idosos, a falta de contenção das crianças, a desorientação dos jovens etc.

Pertencer a uma organização de voluntariado, abandonando a própria família e parentes, pode ser um escape da responsabilidade. Igualmente, abrir-se ao mundo sem reparar na própria realidade também chega a ser farisaísmo. Embora o ditado *A caridade começa em casa* seja válido, é, no entanto, enganoso, porque ninguém consegue solucionar todos os seus problemas e ficar livre de qualquer preocupação pessoal para depois poder dar uma mão aos outros. Se fosse assim, ninguém sairia de casa, porque sempre há algo a fazer, há inconvenientes a solucionar e dores a atenuar. O fruto desse pensamento egoísta de resolver tudo o que é próprio antes de ser solidário cria um mundo cheio de egoísmo e uma reclusão que persegue apenas o próprio bem, sem preocupar-se com o sofrimento alheio.

A resposta que damos a esses problemas humanos define nossas personalidades como cidadãos responsáveis e cristãos em ação, não apenas fazendo julgamentos com os braços cruzados, culpando o Estado, a Igreja etc.

Um passo essencial no voluntariado é o compromisso com o imediato e concreto. O compromisso expressa-se em coisas pequenas, mas que logo se traduzem em ideais importantes. Podemos sentir o ímpeto de fugir em virtude de nossa impotência diante dos grandes desafios e misérias do mundo, ou mesmo diante da pequenez dos meios que temos à mão. Ao analisarmos de forma lógica, podemos frustrar-nos. Que diferença este meu pequeno gesto pode fazer? Uma tentação é fixar o olhar nos obstáculos e não nas possibilidades, paralisarmo-nos sem fazer um esforço para encontrar soluções.

O utópico que não caminha mata sonhos, porque a utopia põe-nos em marcha, enchendo-nos de esperança. Aí está a sabedoria de Sábato quando expressa: "O ser humano sabe fazer dos obstáculos novos caminhos, porque à vida basta o espaço de uma greta para renascer".

O voluntário é essa pessoa que sempre encontra a greta para engendrar a vida novamente. Esse voluntário utópico que se deixa guiar por seus sonhos e ideais, que sabe caminhar confiando ainda na obscuridade e em seus pequenos passos, chega a grandes horizontes, porque não se limita a seus olhares míopes. Sua marcha diária é um ato de fé em Deus que semeia esperança em nossos corações apesar da fragilidade humana.

Em minha experiência pessoal o desafio maior é ser fiel à capacidade de viver cada dia plenamente, mas aberta aos novos horizontes da vida. Não é fácil assumir com entrega o projeto de hoje sem encerrar-se nele. É preciso estar atento às novas possibilidades que Deus nos propõe, cada um a partir de sua realidade: eu, a partir de minha vocação religiosa; outra, como mãe ou dona de casa; e outro, como trabalhador, profissional, empresário ou operário. Deus faz-se presente em nossos planos e torna-os seus, não obstante seja difícil deixar-nos guiar por ele e não seja fácil não abusar da liberdade pessoal.

## Vendo a humanidade inteira como um horizonte

É possível reduzir o voluntariado a expressões de ideologias isoladas e atos de patriotismo sem ter em conta o plano divino para a nova humanidade, em que o importante não é o mapa geográfico nem a raça ou a ideologia. O voluntariado com horizonte tem um olhar de fraternidade voltado para a humanidade inteira.

No sentido cristão, quando falamos de um novo Povo de Deus referimo-nos a uma humanidade que está unida pela solidariedade, por valores que transcendem as fronteiras da cultura e da religião.

A figura bíblica ideal para contemplar o amplo horizonte do amor é Rute, uma mulher moabita que se casou com um israelita imigrante em sua pátria. Noemi era a sogra que despediu as duas noras, Rute e Orfa, depois que seus dois filhos faleceram, e decidiu regressar sozinha para sua pátria, com grande tristeza.

É chamativa a grande abertura de Noemi em uma cultura na qual a esposa era propriedade da família do marido, mesmo depois de sua morte. As noras eram seu único sustento. Ela lhes ofereceu a liberdade de voltar aos seus. Aqui, destaca-se a grandeza e generosidade de Rute, que se ofereceu livremente para acompanhar Noemi, para não deixá-la sozinha em sua velhice e pobreza. Seguir com Noemi implicava um risco que não precisava correr. Diante de um futuro incerto, poderia ter optado pela segurança de libertar-se da carga que representava essa mulher idosa, como fez sua companheira Orfa, que preferiu voltar para sua pátria.

As palavras de Rute manifestam abandono e entrega, um gesto de fidelidade e solidariedade que se assemelham aos dos grandes patriarcas. Seu gesto de fidelidade e solidariedade universal, para além de sua cultura e de suas tradições, tornou-a merecedora de ser uma das poucas mulheres mencionadas na genealogia de Jesus.

> Não insistas comigo para eu te abandonar e deixar a tua companhia. Para onde fores, eu irei, e onde quer que passes a noite, pernoitarei contigo. O teu povo é o meu povo, o teu Deus é o meu Deus, onde quer que venhas a morrer, aí eu quero morrer e aí quero ser sepultada. Que o Senhor me cumule de castigos, se não for só a morte a nos separar uma da outra (Rt 1,16-17).

Essas são palavras de uma mulher a outra — e era a sogra! Seu marido estava morto, a sogra era uma estrangeira, pobre e sem recursos. Somente o amor sem fronteiras e a sensibilidade humana de Rute levaram-na ao grande compromisso de entregar a própria vida ao cuidado daquela velhinha triste e só.

A atitude de Rute desafia-nos a descobrir a verdadeira qualidade do voluntário, a quem os obstáculos da fronteira física, da insegurança, da falta de recursos, da marginalização, e a opção de vida totalmente arriscada, não impedem sua entrega nem paralisam sua capacidade de amar e servir.

A história de Rute, que ocupa apenas quatro curtos capítulos do Antigo Testamento, influiu muito em mim quando era jovem e estava discernindo minha vocação missionária. É admirável a capacidade dessa mulher de lançar-se, com totalidade, na salvação de outra mulher estrangeira.

## O amor que rompe fronteiras e a fidelidade para além da morte

Rute vivia em uma época e cultura na qual a mulher não tinha nenhum direito, mesmo depois da morte do marido. Sendo estrangeira, podia deixar de preocupar-se com a família. Entretanto decidiu, livremente, assumir essa carga, por amor e não por simples obrigação, e foi fiel até o fim. Booz, que foi seu benfeitor e depois se casou com ela, resgatou o valor de Rute no capítulo 2,11: "Fui muito bem informado a respeito do que fizeste pela tua sogra após a morte do teu marido: deixaste teu pai e tua mãe e tua terra natal, e vieste para um povo que até ontem não conhecias".

Rute foi um modelo para todo o povo de Israel, que também corria o risco de limitar o amor de Deus somente a si próprio, como povo eleito. Rute rompeu tal fronteira com sua entrega e demonstrou a liberdade que deve acompanhar o verdadeiro amor. É notável que dela proceda a descendência de Cristo, e que seja uma das quatro mulheres mencionadas em sua genealogia (cf. Mt 1,1-17).

Rute era uma mulher com uma afetividade equilibrada e sã que pôde declarar seu amor com frescor e sem inibição, superando, assim, as barreiras da religião, da cultura, do sexo e do interesse econômico na expressão desse amor.

Rute também é um exemplo de visão ampla em um mundo onde a globalização promove a tendência a aferrar-se à própria identidade como defesa, para não perder-se no anonimato híbrido, que se dilui na multidão, além de criar, também, uma situação de competência entre os povos, cada um com a pretensão de ser o melhor, menosprezando os demais e tratando-os como primitivos e incivilizados.

O desafio é crescer na capacidade de assumir a própria identidade, aceitando-se com os acertos e limitações, porém, ao mesmo tempo, ampliando o olhar, abrindo-o a novos horizontes.

Há uma inter-relação natural na humanidade inteira: o que acontece a um repercute no resto. Por isso João Paulo II insistiu tanto na necessidade de "globalizar a solidariedade".

## Por que lá e não aqui?

Uma das perguntas frequentes feitas a pessoas que vivem a missão fora de seu país de origem é: por que você vai para tão longe quando há tanto a fazer por aqui? Ainda precisamos adquirir uma visão universal, mesmo entre os católicos, e continuamos vendo somente a própria realidade. Além disso, esquecemo-nos de que a missão e o horizonte de cada pessoa são um chamado, um presente de Deus. Como poderíamos compreender que Madre Teresa tenha-se dedicado aos pobres da Índia quando ela mesma vinha de um país no qual também havia pobres? A missão não é um concurso de pobreza, é uma entrega à humanidade onde quer que seja. Um coração que pulsa para entregar-se sem preocupar-se com os obstáculos da raça, do idioma ou da mentalidade.

Minha experiência confirma-me que a vocação missionária é um dom. A pessoa aceita ou rejeita esse dom a partir de sua própria liberdade. É um mistério a forma como cada um vai tecendo sua história original ao longo do caminho. Por isso é importante que nossa opção seja consciente, já que contribui para fazer-nos quem somos e responde a uma vocação e missão individual.

Para nós, crentes, o novo Povo de Deus envolve toda a humanidade, sem distinção de cor de pele, cultura, fronteira nacional, idioma ou idiossincrasia. Há uma diversidade nesta grande família, e é isso que a torna bela e enriquecedora. A linguagem comum é o amor. Todos os povos devem apostar no amor e lutar contra tudo o que fomenta a morte. O próprio Jesus teve de polir a cultura de seu tempo e convidar toda a humanidade a uma nova cultura do amor.

## Missão a partir da periferia

Outra mulher bíblica que me impressionou foi a cananeia, em Mt 15,21-28. Sua história assombra por sua dureza. Não é possível que Jesus tenha-se referido a ela como a um cachorro! Não é possível que ele deixasse de atender seus pedidos de ajuda simplesmente por tratar-se da voz de uma mulher estrangeira!

Embora haja muitas interpretações para essa passagem bíblica, neste momento vamos observar a mensagem conferida por essa mulher e a atitude do próprio Jesus, que, mesmo sendo Deus, era homem e produto da realidade sociocultural de seu tempo.

A rejeição à cananeia provém dos preconceitos contra a mulher, contra as nações vizinhas e contra os doentes. Resumindo: essa mulher tinha tudo contra si, entretanto é admirável a maneira como driblou todas as contrariedades e, assim, participou da salvação trazida por Cristo, além de abrir as portas para aqueles em situações semelhantes de marginalidade e exclusão social.

A partir dessa mulher, o Evangelho converteu-se em um privilégio aberto a todos os povos e culturas. Ela foi libertadora, porque teve a audácia de confrontar a rejeição e uma fé que venceu os condicionamentos de seu tempo.

Em minha reflexão essa mulher representa uma nova mensagem. A marginalização e a exclusão ganharam características positivas que podem servir para entender, em muitas ocasiões, os que vivem marginalizados ou excluídos da sociedade e se concentram nos efeitos negativos, gastam suas energias na defesa negativa de seus sofrimentos ou em ataques contraproducentes.

Ao contrário, essa mulher derrotou a negatividade com uma atitude positiva semelhante às propostas no programa "Ação não violenta", da Comissão Internacional de Justiça e Paz. Segundo a proposta, a injustiça e a violência no mundo devem ser combatidas com uma atitude ativa, mas pacífica. Não podemos ficar sem ação diante da injustiça.

A passividade pode degenerar em cumplicidade. Entretanto nossas ações, linguagens e modos devem suscitar a paz, a dignidade, a igualdade de oportunidades, e convocar ao diálogo.

A não violência é a maior força que a humanidade tem ao seu alcance. É mais poderosa que a arma mais destrutiva inventada pelo ser humano.

A mulher cananeia conseguiu o que queria por meio da força do amor. Só o amor é capaz de vencer o ódio. Responder ao ódio com o ódio equivale a agravar ainda mais seus efeitos.

Outro grupo humano que admiro são aqueles que têm tanto controle sobre si mesmos, sobre seus temperamentos e sentimentos, que são capazes de responder a qualquer fato injusto e conflituoso com uma calma que incita ao diálogo e à paz. Embora a luta apaixonada não deixe de ser um valor para enfrentar dificuldades, a aptidão para mediar e pacificar a tormenta da violência é uma necessidade urgente para a humanidade de hoje.

A mulher cananeia ofereceu outro tipo de resistência com sua persistência, humildade e fé, que se converteram no exemplo digno dos valores evangélicos.

Hoje, a exclusão abunda nos âmbitos social, econômico, político e religioso. O texto de Mateus faz-me lembrar de um dos desafios que enfrentei na Argentina: pela primeira vez dei-me conta de que também eu pertencia à marginalidade. Ser mulher, negra, africana, estrangeira, viver na vila e ser religiosa não são condições atraentes para a sociedade. A grande maioria mantém a visão errônea da mulher como sexo frágil e "inferior" em relação ao homem. A raça negra tem, para muitos, uma conotação de escravidão. A África, para outros, é símbolo de subdesenvolvimento e pobreza. A condição de estrangeira sugere falta de direitos. Viver na vila é sinônimo de marginalidade. E ser religiosa, para alguns, significa estar frustrada afetivamente. São as contradições que a missão me fez confrontar e, assim, ganhei um novo olhar do que implica ser missionária hoje.

A meditação sobre a história dessa mulher do Evangelho iluminou-me acerca da missão do século XXI: uma missão a partir não da onipotência ou do poder, mas da marginalidade, da fragilidade e da exclusão, que podem abrir novas portas ao um terço da humanidade que sofre uma ou todas essas condições. Assim, chego a considerar-me uma privilegiada e um instrumento, e rogo que Deus me conceda a humildade, a perseverança, o amor e a fé daquela mulher.

A missão, hoje, exige que cavemos para dentro para encontrarmos a nós mesmos, nossas forças e fragilidades, nossas dores e alegrias, a carga que cada um leva no fundo de seu coração. São todos elementos que dão sentido à nossa entrega, porque damos a partir do humano, do frágil, do vulnerável, de nossas feridas. E tudo isso é transformado para levantar-nos e levantar nossos irmãos e irmãs em situações semelhantes. Essa mulher do evangelho de Mateus confirma que para curar é preciso conhecer o que significa ter sido ferido. Cada voluntário pode, com tranquilidade, sentir-se eleito para, a partir de sua humanidade, tornar o mundo mais humano. É a contribuição mais apreciável do voluntariado neste mundo que está cada vez mais nas mãos dos fortes. O voluntariado é a resistência dos que se colocam ao lado dos fracos, identificando-se com eles e elas.

A história daquela mulher traz à minha mente a reflexão dos bispos da América Latina (do CELAM – Conselho Episcopal Latino-americano) no *Documento de Puebla* (1979), no qual estabelecem a missão do continente americano ao resto do mundo, animando-nos a "dar a partir da nossa pobreza" (n. 368).

Se não formos generosos quando ainda formos pobres, se esperarmos que nos sobre tempo, gana, meios econômicos, jamais chegaremos a entregar-nos aos outros.

O dar-se abre-nos a outras possibilidades, dá-nos a capacidade de caminhar permanentemente despojados, evitando cargas desnecessárias. Dar-se é uma opção que cada um faz a partir de sua condição. Não há desculpas para não optar, não arriscar, não caminhar. A cada passo vislumbramos novos desafios.

Para encerrar este humilde trabalho, gostaria de compartilhar a poesia que me serviu como reflexão durante a difícil etapa de despojamento, culminando na missão de uma década na Argentina. Mais que nunca dei-me conta de que cada momento foi-nos um presente para que nos entreguemos, e que a própria vida é um dom presenteado, um dom doado... somos inquilinos do tempo e do espaço.

## Inquilinos do tempo

A resposta a uma pergunta
Engendra-nos novas perguntas.

Alcançar um horizonte
Mostra-nos novos horizontes.

Cada passo dentro de nós
Abre-nos novas encruzilhadas.

Um compromisso com a história
Solidariza-nos com outros desafios.

Se é importante chegar,
é para partir de novo.

Se queremos saber,
é para buscar o que não sabemos.

Se nos alegramos com o que somos,
é para sair para o que não somos.

O mesmo pão que nos sacia hoje
Permite-nos sentir fome amanhã.

Somos uma pergunta com respostas parciais,
mas só Deus é a resposta.

Somos felizes com os amores humanos,
mas somente quando têm o brilho do Absoluto.

Somos inquilinos do tempo e do espaço,
porém somos filhos do Infinito.

*Anônimo*

Esta obra não pretendeu abarcar tudo o que se refere ao voluntariado, mas propôs-se a despertar novas reflexões para serem aprofundadas neste caminho de aprendizagem, entrega e compromisso. Que Deus, fonte e inspiração deste trabalho, nos acompanhe no caminho da vida e no que significa "entregar-se".

# Bibliografia

BAUTISTA, Mateo. *Charlas formativas para voluntarios de Fundación Manos Abiertas*. Córdoba, 2004.

*CONCLUSÕES da Conferência de Puebla.* 13. ed. São Paulo: Paulinas, 2004.

CORREA, José, sj. *El padre Hurtado;* su palabra, su obra. Santiago de Chile: Salesianos, 1997.

COSP FONTCLARA, Antonio. *Nada me quitará la alegría.* Córdoba: Patris, 2000. (Col. Cuadernos Pedagógicos.)

D'AMICO, José Luis. *Sobre pueblos y fronteras.* Buenos Aires: San Pablo, 1995.

GONZÁLEZ-BALADO, José Luis. *Madre Teresa de Calcutá.* Orar, su pensamiento espiritual. Buenos Aires: Planeta, 1997. (Col. Planeta Testimonio.)

*NUESTRA parroquia ante el desafío misionero.* Buenos Aires: Obras Misionales Pontificias, 1997.

PECK, M. S. *El camino personal.* Buenos Aires: Planeta, 2002.

ROSSI, Ángel, sj. *Retiro de voluntarios de Fundación Manos Abiertas.* Córdoba, 2004-2005.

SÁBATO, Ernesto. *La resistencia.* Buenos Aires: Planeta Argentina S.A.I.C/Seix Barral, 2000.

SHAW DE CRITTO, Sara; KARL, Istvan. *Voluntariado;* una forma de hacer y de ser. Buenos Aires: Ciccus, [s. d.].

VELASCO, Rafael. *Notas inéditas.* Talleres de formación: "Ser y saber en el voluntariado". Universidad Católica de Córdoba, 2005.

# Sumário

Agradecimentos..........................................................................7
Prólogo....................................................................................9
Apresentação ..........................................................................11

## Parte I
### Iniciar-se no voluntariado

1 – Os outros nos salvam.................................................21

2 – Entrega por inteiro ...................................................31

## Parte II
### Crescer no voluntariado

O tripé que sustenta a panela: os três eixos do voluntariado .... 45

3 – A sarça ardente que atrai........................................47

4 – É preciso saber fazer bem o bem .............................61

5 – Cansados sim, mas não desgastados .......................77

## Parte III
### Amadurecer no voluntariado

6 – Ser voluntário é uma opção de vida................................... 107

7 – Boa vontade não basta.
As organizações da ação voluntária .................................. 121

8 – O Espírito que anima. O voluntariado cristão..................... 131

9 – Voluntário com horizonte..................................................... 153

Bibliografia ............................................................................. 171

Impresso na gráfica da
Pia Sociedade Filhas de São Paulo
Via Raposo Tavares, km 19,145
05577-300 - São Paulo, SP - Brasil - 2009